NO LO HARÉ BIEN

Primera edición: marzo de 2023

ISBN: 978-84-18741-90-6
Depósito legal: B 3306-2023

Diseño de colección: Enric Jardí
Diseño de cubierta: Anna Juvé
Maquetación: Compaginem Llibres, S. L.
Impresión y encuadernación: CPI Black Print
Impreso en Sant Andreu de la Barca

Este libro está hecho con papel proveniente de Suecia,
el país con la legislación más avanzada del mundo en
materia de gestión forestal. Es un papel con certificación
ecológica, rastreable, de pasta mecánica y con un
gramaje de 60 gr/m². Si te interesa la ecología, visita
arpaeditores.com/pages/sostenibilidad para saber más.

Arpa
Manila, 65
08034 Barcelona
arpaeditores.com

Emma Vallespinós

NO LO HARÉ BIEN

Cómo aprendimos las mujeres a no confiar
en nosotras mismas

arpa

ÍNDICE

A Martina y a Jan, por todos sus «mamá, lo harás genial».
A mi madre: gracias, gracias, gracias.
Y a mi padre, por tantos síes.

PRÓLOGO

Este no es un libro de autoayuda. Aquí no encontraréis soluciones ni recetas mágicas, ni siquiera diez tristes trucos para dejar de sufrir. Espero poder ofreceros algo mejor que consejos facilones: razones para enfadaros.

Sí, este es un libro para enfadarnos juntas. Para que suceda lo mismo que, cuando en una reunión de amigas o en una sobremesa con compañeras de trabajo, nos invade la rabia. Necesitamos esa rabia. La rabia que nos abre los ojos y nos hace combativas. Poner nombre a nuestros problemas, identificarlos, comprobar que son compartidos, es el principio de algo poderoso.

Empezaremos por salir del armario, por reconocer que somos unas *noloharébienistas* de manual. Será como estar sentadas en círculo y admitir que sí, que tú también has dicho que *no* porque te morías de miedo, que te supone un suplicio participar en un coloquio porque crees que no pintas nada ahí, que te torturas con los errores, que te preparas cualquier reunión o entrevista hasta la saciedad porque sientes que, si no lo ensayas minuciosamente, lo harás rematadamente mal.

A menudo te sientes una impostora, una mentirosa, una mala actriz y temes que en cualquier momento todos lo descubrirán. Llevas años pensando que tienes una tara, un defecto de fabricación. Algo raro te pasa porque no eres normal. Yo te demostraré que sí lo eres.

Entonces será el turno de repasar juntas, como una pandilla de detectives amateurs armadas con una buena lupa, todo lo que nos ha pasado desde que somos niñas. Dónde y cómo hemos aprendido a dudar de nosotras mismas. Quién nos puso esa voz sádica en la cabeza, quién nos enseñó que no éramos de fiar. Iremos reuniendo las pistas juntas, fijándonos aquí y allá. Seré tu guía de viaje. Mira esto, mira lo otro, te haré preguntas: «¿recuerdas cuándo...?, ¿a ti te pasó que...?, ¿alguna vez te dijeron...?».

Acabaremos viajando en el tiempo, hasta el mismo origen de nuestros males. El machismo impregna la historia. Hemos sido la nota a pie de página que nadie lee. Buscaremos ejemplos de mujeres borradas y de otras que alzaron la voz en circunstancias adversas, tipas que fueron pioneras y valientes. Si otras fueron capaces de romper el mutismo, también lo seremos nosotras.

Estoy convencida de que nuestra inseguridad es aprendida. Que tantos siglos mandándonos callar y repitiéndonos que no éramos importantes han hecho mella en nuestra seguridad, en la manera en que nos percibimos a nosotras mismas y nos valoramos.

Nací en los ochenta. Mis padres compraron el primer televisor en color cuando tenía cuatro años y el aparato reinaba en medio del salón. Crecí con los ojos fijos en *mamachichos*, vedettes envueltas en plumas y azafatas de atrezo que sonreían, y poco más. Las mujeres éramos puro cuerpo. Si tenían voz, no lo recuerdo.

Durante años nuestra voz no ha tenido ninguna importancia. Tampoco, claro, nuestras opiniones, nuestros puntos de vista, nuestras necesidades o reivindicaciones.

Vivimos inmersas en una oleada reaccionaria especialmente virulenta con las mujeres. El odio, la humillación y la crítica gratuita inundan las redes. Tenemos que estar muy atentas, porque ni los derechos ni las libertades están nunca garantizados. Nunca los podemos dar por sentados. Es la hora de tomar conciencia y de plantar cara. Y para eso nos toca, también, dejar atrás esa sádica manera de boicotearnos a nosotras mismas. Es el momento de convencernos de que lo que tenemos que decir es importante. Que, aunque nos dé miedo y nos coma la inseguridad, lo haremos. Y lo haremos bien.

Este libro está escrito en genérico femenino. Os hablo a vosotras, pero ellos son más que bienvenidos. Ojalá lo lean y nos comprendan. Ojalá se sientan interpelados.

Aquí hablo de mujeres a través de mi experiencia personal y de mi modo de ver el mundo. Soy consciente de que lo hago desde el privilegio. También de que cada vida tiene una historia. Y aunque, por fortuna, no todas las mujeres son *noloharébienistas*, intuyo que a ninguna le sonará a marciano.

Por último: cuando hablo *de* mujeres, me refiero a *todas* las mujeres. Nunca me encontraréis en discursos excluyentes ni pidiendo certificados de nacimiento. El feminismo en el que yo creo no margina, ni insulta ni ofende a ninguna. Y ahora, al lío.

PRIMERA PARTE

I

ANATOMÍA DEL AUTOBOICOT

No recuerdo la primera vez que noté su aliento en el cogote. Quizás empezó a visitarme en el aula de los últimos cursos del colegio o durante el primer año de instituto. Sé con seguridad que ya tenía un puesto fijo al final del bachillerato. Para cuando llegué a la universidad ya me tuteaba. Y ha seguido ahí, terco, disciplinado, tan feroz como puntual, a lo largo de mi trayectoria profesional. Es como tener tu propio dictador instalado en la cabeza. O a uno de esos entrenadores olímpicos rusos de los años ochenta, incapaz de dar nunca una palmadita en la espalda, o un poco de aliento. Siempre atento al mínimo error para torcer el gesto y mirarte con aire amenazador.

Una aprende, qué remedio, a domesticarlo. No, miento. Una aprende a entretenerlo mediante sofisticadas maniobras de distracción. Es pura supervivencia. Como los padres que se suben con un niño pequeño a un vuelo transatlántico con un arsenal de cuentos, juegos, muñecos y, como plan b, un cargamento de galletas de chocolate, para evitar que se desate el caos. O como los que en las películas intentan escapar de las fauces de una fiera caminando con sigilo mientras buscan refugio con el rabillo del ojo.

Distraer a la fiera te permite salir adelante. Por eso, a lo largo de mi vida profesional, he sido capaz de hablar en reuniones importantes, hacer conexiones en directo en la radio o pronunciar un discurso ante un auditorio concurrido y con un ministro sentado en primera fila. Pero nunca sin antes pensar en cómo podía evitarlo, jamás sin el claro convencimiento de que lo haría mal y siempre juzgándome duramente después. Poniendo la lupa, con la obsesión de una institutriz, en el error: una palabra mal pronunciada, un tropiezo, un titubeo. El error. El imperdonable error. *E-rror*, luz de mi vida, fuego de mis entrañas.

El autoboicot, pongámosle ya nombre, vive del error. Se relame imaginando fallos, pifias y traspiés. Fantasea con futuros próximos apocalípticos. Diseña escenas abrumadoras, dignas de una película de terror, que proyecta en tu cabeza una y otra vez. Se alimenta del miedo. De *tu* miedo. Se hace fuerte preguntándote: «¿Y si...?». *Y si* sale mal. *Y si* te quedas en blanco. *Y si* ese dato no está bien. *Y si* haces el ridículo. Nunca está conforme. Siempre alberga dudas.

Si, pese a sus advertencias, sigues adelante, convierte los «y si» en afirmaciones catastrofistas. Lo harás mal. Te quedarás en blanco. Harás el ridículo. Habrá un error. La ofensiva aumenta a medida que se acerca la hora de dar un discurso, la fecha de la entrega de un trabajo o el momento de tu intervención. Es la versión sádica de un *coach*. Si el autoboicot decidiera hacer *merchandising*, en sus tazas podrían leerse mensajes del tipo «Hoy será un día atroz» o «Quédate en casa y enciérrate, estúpida». Pero no le demos ideas al enemigo.

Ante sus preguntas y sus amenazas, tus respuestas importan poco. Tanto da cuán segura estés de haber hecho bien tu trabajo, si lo has repasado hasta la extenuación. No importa lo que sepas. Te hará revisarlo una y otra vez. Si le escuchas, te verás buscando en el diccionario palabras que sabes cómo se escriben desde que tenías la sonrisa mellada y merendabas nocilla. Googlearás el título de libros y el nombre de autores que tienen un puesto de honor en tu biblioteca. Si dependiera de él, dudarías hasta de tu fecha de nacimiento, de la dirección de tu casa, del nombre de tu padre. Es un animal insaciable. No puedes ignorarle sin más. No puedes taparte los oídos ni cerrar los ojos. Es el villano de la película. El asesino que aparece al abrir el armario. El perturbado al que todos creían muerto, pero vive en el respiradero de la casa. El monstruo que sigue escupiendo bilis por más que el protagonista le haya amputado una pata. Ahí está, dispuesto a protagonizar una saga de terror de esas en las que el malo vuelve una y otra vez sin que los personajes aprendan nunca nada. Entrega tras entrega, siguen cometiendo las mismas imprudencias: descolgar el teléfono, quedarse atrás, mirar debajo de la cama, abrir la puerta.

Es terrible y agotadoramente listo. Y paciente. Sabe identificar el peor momento, ese instante de inseguridad absoluta, para acercarse a ti ronroneando y susurrarte al oído: «¿Lo ves? Te lo tengo dicho. No puedes. No sabes. No lo harás bien».

Como todo estratega, el autoboicot es inasequible al desaliento. Conoce todos los caminos, todas las alternativas, para llegar a ti. Tiene claro que a veces, simplemente, hay que esperar.

El autoboicot es corrosivo y viscoso. Es una voz enemiga en tu cabeza, pero también invade el cuerpo con un ejército de síntomas. Conoce los botones invisibles de tu organismo. Los que aceleran el corazón, agitan la respiración, los que hacen que te tiemble la voz, las manos, el cuerpo entero. Puede hacerte sentir un calor sofocante, o un frío helador. Sabe dónde tocar para que te invada una inquietante sensación de vértigo. Miedo. Pánico. Angustia. Ansiedad. Hará que sientas una duda inabarcable, que pierdas todas las certezas. Serás presa de una terrible sensación de desamparo, de vulnerabilidad. Será como mirarte en uno de esos espejos de feria que te deforman hasta la caricatura. Te verás pequeña, absurda, torpe, inútil. Poco válida, escasamente preparada, insuficiente, incapaz. Querrás huir, esconderte, desaparecer.

¿Quién, en su sano juicio, querría experimentar este simulacro de infierno? ¿Para qué, a cambio de qué? Todos los villanos conocen el poder de una buena pregunta. Y estas lo son. Así es como el autoboicot se hace fuerte. Ataca, destruye, y justo entonces, se ofrece a negociar.

Después de bombardearte, cuando ya sientas que la única opción sensata es desertar, te cogerá del brazo, te pedirá que le acompañes y, con modales de director de sucursal bancaria, te mirará a los ojos. Meneará la cabeza, se atusará el bigote, te preguntará si crees que es necesario pasar por todo esto. ¿De verdad es *eso* lo que quieres? ¿Un calor sofocante, un frío helador, una duda inabarcable? ¡Por Dios! Aquí se reirá. Imagina una de esas risas que ponen la piel de gallina. ¿La escuchas? Empeórala. Más. Un poco más. Sí, así.

No te ofrecerá nada nuevo. Lo ha hecho otras veces. Y suena *tan* bien. Una vida tranquila. Paz mental. Cero montañas rusas emocionales. Empleará su tono más paternal. ¿Y qué si no das tu opinión? ¿Qué pasa por no postularte para ese cargo en la empresa? ¿De verdad te parece tan buena esa oportunidad laboral? Venga. Acéptalo. Eres *así*. Ya ves lo que pasa cuando intentas ser lo que *no* eres. Si de verdad eres *tan* lista, si realmente puedes hacerlo, si es cierto que tienes algo importante que decir, que aportar, que añadir, ¿por qué te tiembla la voz, por qué dudas, por qué te mueres literalmente de miedo?

Lo dicho. Es malo y listo. No hay combinación peor.

Con él no importa que al final las cosas salgan bien. Es irrelevante que seas capaz de dar el discurso, de salir airosa de una reunión importante, de entrar en un despacho y pedir algo mejor. Lo suyo es una guerra sin cuartel. Es imposible satisfacerle. Es un buitre dando vueltas en círculos por encima de tu cabeza. Esperando, presionando, ensordeciéndolo todo con sus graznidos y un batallón de preguntas capciosas. Tiene buena oratoria, sabe usar sus armas y nos conoce bien. Lleva estudiándonos desde niñas, se sabe todos nuestros puntos débiles, a estas alturas actúa con la eficacia de un algoritmo que te ofrece escapadas a Menorca cuando llevas dos semanas buscando vuelos baratos. Le hemos dejado, a nuestro pesar, hacerse grande, crecerse. Son tantas las veces que ha parecido que el mundo le daba la razón. Esa vez en la que dimos nuestra opinión y nos mandaron callar. Todos esos años esforzándonos tanto para que sirviera de tan poco. Los días en los que nos han hecho sentir minúsculas, diminutas, invisibles. Todas aquellas tardes en clase en las que queríamos levantar la mano, pero al final no. Cada una de las ocasiones en las que nos han interrumpido. Todas las ocasiones en las que nos hemos sentido invisibles. Todas las veces que hemos preferido callar, dejarlo pasar, ceder, no participar. No porque no quisiéramos. No porque no supiéramos. Nos faltó el valor. La voz de la fiera decidió por nosotras. Y la respuesta, claro, fue que no.

Nuestra cabeza alberga un almacén de miedos. Miedo a estropearlo todo, a hacerlo mal, a no saber, a no estar a la altura. A hacer el ridículo, a fallar estrepitosamente, a dejarnos en evidencia. El miedo a ser idiotas y no saberlo. Ese pánico de no saber si realmente sabemos lo que creemos saber. El temor a que se descubra la pantomima y el mundo sepa que somos, simple y llanamente, unas impostoras, un fraude, humo, nada.

¿Cómo puede un cuerpo sostener tanto miedo? ¿Cómo puede el miedo dirigir nuestras vidas?

Es autoboicot cuando a los dieciocho años, estudiando la carrera que has elegido, en una de tus asignaturas favoritas, no levantas la mano en clase por *miedo* a decir una tontería.

Es autoboicot cuando no participas en una reunión de trabajo por *miedo* a que tus propuestas no gusten.

Es autoboicot cuando dices no a una oferta laboral porque *temes* no estar a la altura y tienes el convencimiento de que cualquier otra persona lo hará mejor que tú.

Es autoboicot cuando te proponen una oportunidad en tu trabajo, que te apetece y mereces, y buscas excusas para rechazarla por *miedo* a no hacerlo bien.

Es autoboicot cuando haces bien tu trabajo, te felicitan y, a partir de ese momento, sientes *pánico* a decepcionar, a no poder seguir haciéndolo bien nunca más.

Es autoboicot cuando preparas un trabajo con esfuerzo y dedicación y antes de entregarlo dudas de todo lo que has escrito.

Es autoboicot cuando, en calidad de experta, te llaman para una entrevista e intentas que se la ofrezcan a otro compañero por *miedo* a hacer el ridículo.

Es autoboicot cuando te censuras en redes sociales por *miedo* a expresar lo que sabes porque, en realidad, qué sabrás tú.

Es autoboicot cuando estás escribiendo un libro y cada día, justo antes de sentarte a escribir, tienes *miedo* a no ser capaz.

Si se parece y dudas, sí, es autoboicot. Un viejo enemigo poderoso, cruel y feroz.

2

EL SÍNDROME DE LA IMPOSTORA

En 2011, cuando la escritora Ana María Matute recibió el Premio Cervantes, el galardón literario más prestigioso al que puede aspirar un autor en lengua castellana, empezó su intervención confesando que preferiría escribir tres novelas seguidas y veinticinco cuentos, sin respiro, a tener que pronunciar un discurso. «No los menosprecio», dijo, «los *temo*, y mi *incapacidad* para ellos quedará manifiesta enseguida. Sean benévolos», rogó a los allí presentes. Tenía 85 años, una dilatada trayectoria literaria a sus espaldas, estaba acostumbrada a dar entrevistas, era una oradora culta, interesante y muy divertida. Pero, de haber podido escoger, entre trabajo y aplausos, entre el silencio de su escritorio y aquel momento de celebración, no hubiera dudado en elegir la fatiga de la escritura —¡tres novelas y veinticinco cuentos!— a esos dieciséis minutos y nueve segundos que duró su discurso.

Es la palabra *incapacidad* lo que distingue los nervios previos a cualquier exposición pública —previsibles e incluso necesarios—, de lo que aquí nos ocupa. Porque no fue incapaz. Porque dio un buen discurso. Hiló una historia hermosísima sobre su amor por los libros, escogió los recuerdos precisos que le permitieron contar cómo la literatura había salvado su vida. Fue un discurso propio de alguien muy capaz.

En el primer capítulo hemos descrito al autosabotaje, el monstruo de cuatro cabezas que nos hace cuestionarnos hasta la extenuación. Dudamos de nuestras capacidades, de nuestra valía, de nuestra preparación y conocimientos. No son los demás los que levantan la ceja de incredulidad cuando nos ven avanzar hacia el atril, nos la levantamos, permanentemente, nosotras. Si hubiera un tribunal dispuesto a juzgarnos, nosotras ejerceríamos de abogado de la parte contraria, seríamos el picapleitos sin escrúpulos —engominado, traje a medida, mirada gélida— que no parará hasta que pueda paladear, con aire triunfal, la frase: «no tengo más preguntas, señoría». El autosabotaje, lo hemos dicho ya, nos pone en duda y nos quita el mérito. Todo lo bueno que logramos, todo lo que profesionalmente nos sale bien, lo atribuye a un golpe de suerte o a la casualidad.

Todo esto que hemos ido describiendo tiene un nombre. No es un trastorno mental. No es un complejo de inferioridad, ni un trauma infantil. No tenemos ningún problema en nuestra cabeza. No estamos taradas, ni locas, ni estropeadas, ni rotas. No somos raras. O no por esto, al menos.

Se llama síndrome del impostor. Fue descrito por primera vez en 1978[1] por dos psicólogas clínicas estadounidenses, Pauline Rose Clance y Suzanne Imes, que lo bautizaron como Fenómeno del Impostor. Tampoco ellas escaparon de sus garras. Cuenta Clance en su página web[2] que, durante sus estudios de posgrado, sentía un constante miedo al fracaso. Antes de un examen importante, por ejemplo, dudaba de todo lo que sabía. Años después, ejerciendo ya de profesora en una prestigiosa universidad, observó que algunos de sus alumnos más brillantes manifestaban los mismos miedos que ella había sufrido de estudiante. Uno de ellos le dijo: «Me siento como un impostor rodeado de toda esa gente *realmente* brillante».

Clance, que sigue ejerciendo como terapeuta en la ciudad de Atlanta y ha dedicado su trayectoria profesional a profundizar en el fenómeno, explica que la mayoría de los que lo sufren se sorprenden al oír hablar de él, al conocer que aquello que lleva tantos años amargando y condicionando su vida tiene un nombre y, por lo tanto, es común. Poner nombre a las cosas tiene un efecto liberador. Hay un momento casi epifánico cuando descubres la existencia de este síndrome. Cuando entiendes que sois legión las que os repetís un mismo mantra maldito: «no lo haré bien». El síndrome del impostor no es algo exclusivo de las mujeres. Hay hombres inseguros, que se sienten incapaces a la hora de exhibir su opinión, o su conocimiento. Que dudan de sí mismos o a quienes les paralizan los nervios. Pero, como iremos viendo a lo largo de los próximos capítulos, a nosotras nos sucede con más frecuencia y con mayor intensidad. Lo que en ellos puede ser un rasgo de su personalidad, algo individual, en nosotras tiene un componente estructural. La sociedad, lo comprobaremos más adelante, nos ha enseñado a sentirnos así. No nos pasa a todas. Sería un error llegar a la conclusión de que todas las mujeres son presas del autosabotaje y la impostura. Pero a ninguna —y os invito a hacer la prueba en vuestro entorno— le suena a marciano.

En el artículo en el que acuñaron el síndrome, Clance e Imes analizaban el síndrome del impostor en un grupo de muestra de 150 mujeres *objetivamente* talentosas: doctoradas en varias especialidades, profesionales respetadas en sus campos o estudiantes reconocidas por su excelencia académica. La gran parte de ellas eran mujeres blancas, de clase media-alta y de entre 20 y 45 años. Las psicólogas se encontraron con que, a pesar de todos sus logros y su reconocimiento profesional, estas mujeres ni se sentían exitosas ni valoraban sus méritos. Al contrario: se veían a sí mismas como unas impostoras.

En su investigación, señalaban que las mujeres que habían pasado por su consulta, creían en su fuero interno que no eran inteligentes, que los demás se equivocaban al creerlo. Algunas de estas listísimas estudiantes de posgrado, fantaseaban con la machacona idea de haber sido aceptadas por un error del comité de admisiones y consideraban que el factor suerte era lo que estaba detrás de sus altas calificaciones. Una profesora universitaria les llegó a decir que no era lo suficientemente buena para dar clase en esta facultad, que seguro que se había cometido algún error en el proceso de selección. Una jefa de departamento afirmaba que habían sobrevalorado sus habilidades. Una mujer con dos másteres, un doctorado y numerosas publicaciones estaba convencida de estar poco cualificada para dar clases de refuerzo universitario de su especialidad. Todas esas mujeres minusvaloraban sus capacidades con argumentos peregrinos (errores, malos entendidos, fallos) para negar lo único evidente: su inteligencia, su capacidad, su valía.

Las dos psicólogas aseguraban que, en su experiencia clínica, el síndrome era mucho menos frecuente en hombres y que, cuando les afecta a ellos, es mucho menos intenso. Como detallaban en su artículo, los hombres tienden a atribuir sus éxitos a sus capacidades, mientras que las mujeres suelen hacerlo a causas externas, como la suerte, o a causas temporales, como el esfuerzo. Los hombres atribuyen el éxito a una cualidad inherente a ellos mismos, a sus propias capacidades. Las mujeres no. Las mujeres, explicaban, han interiorizado que no son competentes.

El síndrome de la impostora se vive, además, en silencio. Como señalaban Clance e Imes, es un secreto bien guardado, que no se comparte de buenas a primeras. Según estas psicólogas, la *impostora* está convencida de que su creencia es correcta. También cree que, si lo revela, se encontrará con críticas o con muy poca comprensión por parte de los demás. Por lo general es su ansiedad por alcanzar un objetivo concreto la que la lleva a *confesar* en un momento dado.

En 2020, un estudio[3] de la consultora KMPG realizado con 700 mujeres estadounidenses ejecutivas de todos los sectores —todas ellas habiendo alcanzado el éxito en sus trabajos— señalaba que el 75 % de ellas había experimentado el síndrome de la impostora a lo largo de su carrera. El 85 % de las encuestadas afirmaban que el síndrome de la impostora era un sentimiento habitual entre las mujeres ejecutivas. Siete de cada diez creían, además, que sus colegas hombres no dudaban de sí mismos tanto como ellas. La gran mayoría aseguraron sentirse más presionadas que los hombres para no fracasar. Y más de la mitad confesaron haber tenido miedo de no estar a la altura de las expectativas, o que algunos compañeros las consideraran menos capaces de lo que se esperaba de ellas.

Muchas de las mujeres encuestadas contaron que creían que los hombres confían más en sus capacidades, y que niños y niñas han recibido diferentes mensajes a lo largo de su vida. Que a ellos se les anima a liderar desde más pequeños, a confiar más en ellos mismos. De nosotras, se espera menos.

¿Sabéis esa fiebre repentina que llega el día antes de un viaje o ese dolor de cabeza insoportable la mañana de un día de reuniones? El autosabotaje también tiene el don de la oportunidad. Le encanta aparecer en el peor momento. Es una de sus muchas habilidades. Así, ante un ascenso, una oportunidad laboral o cualquier acto importante que implique subirnos a un escenario y hablar, exhibir nuestro conocimiento y exponernos públicamente, llamará a nuestra puerta con un arsenal de mensajes apocalípticos. Un 57 % de las mujeres encuestadas confesó haber experimentado el síndrome del impostor en el momento de asumir más liderazgo o de ascender profesionalmente.

Las encuestadas contaron que el paso de los años y la experiencia contribuyen a vencer los sentimientos de inseguridad. La mayoría admitían haber sido demasiado autocríticas en el pasado, y haber minimizado sus logros. En su memoria, prevalece lo malo a lo bueno: el 65 % de estas ejecutivas recuerda sus fracasos con más intensidad que sus éxitos. El error, la pifia, el traspié… se asientan en nuestro cerebro. Como cuando después de una conferencia recuerdas una y otra vez la única milésima de segundo en la que temiste quedarte en blanco o cuando, tras una buena intervención en directo en la radio, te maldices por la única palabra con la que has tropezado.

En 2018, durante la gira de promoción de sus memorias, Michelle Obama acudió a dar una charla en una escuela femenina de Londres ante trescientas alumnas de secundaria. Dijo entonces que, a pesar de su experiencia en discursos y en hablar en público, todavía tenía un poco de síndrome de la impostora: «Nunca desaparece esa sensación de no saber si el mundo debería tomarme en serio, de pensar que solo soy Michelle Robinson, esa niña sureña que fue a la escuela pública».

En febrero de 2021, Michelle Obama entrevistó para la revista *Time* a la poeta Amanda Gorman[4] —que se hizo mundialmente conocida al recitar uno de sus poemas en la investidura del presidente Joe Biden— y le preguntó directamente por el síndrome de la impostora. «No importa cuántos discursos haya dado, los auditorios grandes siempre desencadenan en mí un poco de síndrome de la impostora», confesó antes de preguntar a Gorman cómo lidiaba ella con eso. «Hablar en público siendo una chica negra ya es lo suficientemente desalentador, solo subir al escenario con mi piel oscura, mi pelo y mi raza, supone invitar a un tipo de personas que nunca han sido bienvenidas ni celebradas en la esfera pública. Además, como persona con un problema en el habla [fue tartamuda de niña], el síndrome de la impostora siempre se ha visto exacerbado, siempre existe la preocupación de si lo que digo es suficientemente bueno y el miedo adicional de si lo digo lo suficientemente bien», contestó Gorman.

Si Michelle Obama y Amanda Gorman se sienten impostoras, ¿qué será de nosotras? Sería tentador consolarse en eso, en que nos pasa a muchas. Pero si nos detenemos a pensarlo, es aterrador que tantas de nosotras sintamos ese vértigo, que se nos hiele la sangre ante la oportunidad, el ascenso o la mera exhibición de nuestra valía.

Hay *algo* en lo público que nos hace percibirlo como territorio enemigo. Podemos no dudar de nosotras en la intimidad, ser incluso plenamente conscientes de que estamos preparadas para la tarea que tenemos que acometer, pero en el momento de salir al mundo y alzar la voz, la inseguridad hace acto de presencia. Y somos legión, aunque lo vivamos en silencio, aunque lo mantengamos en secreto, no vaya a ser que sea otra tara, otra imperfección que ocultar a un mundo hiperexigente que nos quiere listas pero no sabihondas, simpáticas pero no impertinentes, guapas pero no arrolladoras, jóvenes pero no inmaduras, femeninas pero no gordas, profesionales pero no ambiciosas, experimentadas pero no viejas, madres pero hasta las dieciséis semanas. Para una mujer la vida es intentar siempre estar a la altura. Un constante no llegar a las exigencias que (nos) han diseñado e impuesto otros.

En su libro *Cinco inviernos*[5], la periodista y escritora Olga Merino narra su experiencia personal como corresponsal en Moscú en los años noventa. Todavía no había cumplido los treinta y ansiaba ser escritora. Se frustraba cuando no escribía, cuando las cosas no salían como ella quería. Y se consolaba en los «párrafos flagelantes» que encontraba en los diarios de otros escritores, como Sylvia Plath, quien escribió: «En cuanto huelo el rechazo de alguna revista, en las caras de desinterés de mis alumnas cuando me embrollo, o cuando percibo frialdad y rechazo en las relaciones personales, me acuso de ser una hipócrita y de fingir ser mejor de lo que soy: una mierda en el fondo».

¿Nos suena? Esa voz interior, maldita e impertinente, que nos sugiere que, en el fondo, no somos más que una mierda, ha ido saltando de una a otra, de generación a generación, de mujer a mujer. La oían nuestras abuelas cuando no se esperaba de ellas que interrumpieran las conversaciones masculinas con sus trivialidades. La escucharon nuestras madres por querer hacer algo más que dar la vuelta a la tortilla de patatas a la hora de la cena. La seguimos soportando nosotras cuando aspiramos a ocupar un espacio que nunca nos ha pertenecido. Una voz que pregunta, con todo el desdén que puede tener un tono de voz: pero adónde vas, pero qué haces, pero tú quién te crees que eres.

3

NO LO HARÉ BIEN

Una auténtica impostora nunca descansa. Es como un *drugstore* abierto 24/7. Una impostora anticipa el sufrimiento y padece preventivamente. Una impostora sufre antes, durante y después. Toda impostora que se precie conjugará en su cabeza todos los tiempos verbales del autosabotaje: «no lo haré bien, lo estoy haciendo mal, lo he hecho fatal».

Sé de lo que os hablo. Hace un tiempo, pasé una semana infernal —el infierno es un resort de los de pulserita, bachata y caipiriñas al lado de aquellos días— antes de tener que hablar delante de una audiencia numerosa. Día a día contemplaba, impotente, cómo mi seguridad iba menguando. Mi cabeza reproducía una y otra vez escenas catastróficas y apocalípticas en primerísimo primer plano. Sabía perfectamente lo que quería contar y cómo hacerlo, pero el contexto (un lugar extraño con un público desconocido, sin opción a repetirlo si salía mal o negarme en el último momento) me hacía sentir muy insegura y expuesta. Presa del pánico, decidí preguntarle a un compañero de trabajo, que a menudo se enfrentaba a la misma situación, si él sentía todas aquellas cosas: palpitaciones, angustia, inseguridad. Negó con la cabeza. Comentó, despreocupado, que lo que a él le ponía muy nervioso es que fallara algún aspecto técnico o quedarse sin tiempo para contar todo lo que quería contar.

Yo no daba crédito. Insistí. «¿No te da miedo trastabillar con una palabra, perder el hilo, quedarte en blanco, que te tiemble la voz?» «No, no, —contestó tajante—, a mí lo que me pone nervioso es lo que no depende de mí».

Lo que no depende de mí. Me sentí como los bebés que protagonizan aquellos vídeos tan tiernos que corren por las redes en los que les ponen gafas por primera vez y contemplan extasiados el mundo sin la niebla de las dioptrías: el rostro de su madre, la nariz de su padre, sus manos regordetas en movimiento. Yo también sentía que otra manera de ver (y vivir) las cosas era posible, que mi mundo (con sus sofocos, sus miedos, su ansiedad) no tenía nada que ver con el de la persona que estaba ante mí. Temer por lo que no depende de uno es algo muy distinto a dudar de ti misma, de creerte incapaz y no querer someterte a un suplicio.

El síndrome de la impostora nos convence de que no estamos a la altura de las expectativas de los demás, que no sabemos tanto como hemos dado a entender y que todas las ocasiones en las que hemos salido airosas ha sido por pura chiripa. Que no somos las personas adecuadas, que es muy probable que no lo hagamos bien, que no podamos estar a la altura de la confianza que han depositado en nosotras.

Imagina que sabes mucho de un tema, pongamos un ejemplo bien tonto: los yogures de fresa. Los pasillos de lácteos del supermercado son tu hábitat natural. Por formación y vocación sabes muchísimo sobre yogures de fresa: marcas, precios, texturas, aroma, origen de la leche, colores y forma de los envases, qué empresa está detrás de cada marca blanca, cuál de ellas es más generosa con los trocitos de fruta. Un día te llaman para un programa de televisión. Preparan un especial sobre yogures de fresa (hemos dicho que el ejemplo era tonto, así que sigamos a lo nuestro), ha llegado a sus oídos que eres una gran experta en la materia y quieren invitarte al programa. No te preguntarán nada que no sepas. La entrevista será sobre conceptos básicos para un público generalista. Pero desde el momento que has atendido la llamada sientes que todo aquello te va grande. ¿Cuánta gente habrá que pueda explicar mucho mejor que tú lo que es un yogur de fresa? ¿Y si te han sobrevalorado, y si han pensado que sabes más de lo que sabes? ¿Y si cometes un error? ¿Es necesario exponerte de ese modo en prime time, hacer el ridículo ante millones de pares de ojos?

Dejemos las parábolas y asomémonos a la realidad. En septiembre de 2021, pocos días después de la entrada en erupción del volcán Cumbre Vieja, en la isla canaria de La Palma, Xavi Rossinyol, el entonces codirector del programa *Planta Baixa*, el magazín de actualidad y política que emite los días de diario la televisión autonómica catalana, publicó un interesante hilo en Twitter[1] en el que explicaba el porqué, a lo largo de esa semana, no habían incluido a ninguna mujer entre los seis expertos en vulcanología que entrevistaron en el programa. En el hilo enumeraba varios problemas que justificaban la falta notoria de especialistas aquella semana: las agendas excesivamente masculinizadas, la dificultad para encontrar mujeres en cargos de responsabilidad y la negativa de algunas de ellas a participar en el programa. Una de las mujeres con las que contactaron tenía un currículum excelente, era exactamente el perfil que buscaban y tenía disponibilidad por agenda. Pero les dijo que no porque no se atrevía a intervenir en directo en la televisión. «Mis compañeras te dirán lo mismo», aseguró. Rossinyol lo vinculaba directamente al síndrome de la impostora.

Gemma Tarragó era la jefa de producción de *Planta Baixa*, con diez años de experiencia como productora en medios audiovisuales a sus espaldas. Hablamos por teléfono meses después de aquel hilo. Reconoce que hace una década no era común que nos chocara ver una tertulia o una mesa de análisis en la que todos los participantes fuesen hombres. Ahora sí. Encontrar en la tele un programa de actualidad en la que todos los analistas son señores duele a la vista. Que, en un congreso, una mesa redonda, un consejo de ministros o una reunión de empresarios no haya ninguna mujer, o sean una clara minoría, hace que nos salte una alarma interna.

«En muchas redacciones —me cuenta Tarragó— ya nos imponemos como norma el que una mesa sin ninguna mujer no puede ser». Aunque no es fácil. Es un riesgo.

La dinámica de los medios de comunicación, y especialmente de un magazín de actualidad (que implica trabajar a contrarreloj, de ya para ya, y la necesidad de producir los contenidos con rapidez) nos lleva a ir a lo seguro. En las redacciones, cuando llamamos a un experto y funciona bien (es profesional, se explica correctamente, es ameno y maneja bien los tiempos) guardamos su número de teléfono para futuras ocasiones. Como ellos han sido la opción predominante durante tantos años, por lo general, si buscamos a un experto que ya hayamos probado, será un hombre.

En el caso que nos ocupa, el de las vulcanólogas, se añadía una complicación: buscaban un perfil muy concreto de una disciplina poco común. «Empezamos a buscar mujeres y no dábamos con ellas. Cuando llamas a un gabinete de comunicación de una universidad les pasa lo mismo, que sus primeras opciones siempre son hombres, porque son los que suelen participar en los medios y los que suelen decir que sí», explica Tarragó. Cuando por fin dieron con expertas en volcanes, pasaron varias cosas. La primera: que todas las remitían a dos mujeres que estaban sobre el terreno. Pero ellas estaban desbordadas y el programa no buscaba solo la última hora, sino a alguien capaz de explicar de forma pedagógica y comprensible cómo funciona un volcán en erupción.

Otras mujeres expertas les decían que no eran lo suficientemente conocedoras del tema y derivaban a la productora a otro compañero. «En ese momento, tu trabajo como productora y coordinadora de invitados es convencerlas, o explicar con mucho detalle cómo será la entrevista, no solo el contenido, también el formato, el planteamiento, quién estará en la mesa, qué partes tendrá la entrevista, si estará sola o acompañada».

Tarragó percibe que es muy común que las mujeres, que históricamente no están tan acostumbradas a aparecer en los medios como especialistas, pidan mucha información. «Ocurre con expertas y con tertulianas. También pasa con hombres, pero con las mujeres es mucho más habitual. Ellas nos reclaman saber de qué hablaremos, que les pasemos los temas, conocer cómo vamos a plantearlos... y se lo preparan. Sienten más respeto ante un programa en directo y quieren preparárselo. Las tienes que convencer de que lo harán bien, que se explicarán correctamente».

En el caso de una de las mujeres, muy preparada y el perfil más adecuado para la entrevista, les dijo que sentía mucho miedo de decir alguna cosa y que no se la interpretara bien, que de sus declaraciones se pudieran sacar conclusiones incorrectas y se hicieran titulares con ellas. Tarragó afirma que los hombres dicen que sí con más facilidad, y que ellas se lo piensan más y, a menudo, tienen que superar ciertas inseguridades.

Pero las cosas están evolucionando. El cambio de chip en los medios de comunicación es algo generalizado y las mujeres expertas están cada vez más presentes en tertulias, entrevistas y mesas de debate. Tarragó es optimista con el futuro. «Tenemos que romper el círculo vicioso. Desde las redacciones nos lo tenemos que autoimponer, es una responsabilidad, nos toca hacerlo. Hay tantos hombres disponibles y dispuestos que lo fácil sería contar solo con ellos. Al principio se trata de apostar por ellas, porque les cuesta dar el paso, sienten vergüenza y, cuando empiezan, no tienen la habilidad de entrar en ciertas discusiones. Pero apuestas por ellas y vas viendo cómo se acostumbran. Si nosotros no hacemos el esfuerzo de buscarlas, de darles voz, y ellas se quedan en un segundo plano porque les da apuro salir en los medios, no nos encontraremos nunca. De todos modos, cada vez es menos habitual no contar con ellas. El otro día, en otro canal, me topé con una tertulia de solo hombres y me hizo daño a la vista. Y eso está muy bien, significa que ya no nos parece normal. Estamos cambiando. Hay mucho camino por recorrer, pero hay mucho trabajo hecho».

Si no se nos ve ni se nos escucha, no estamos y no existimos. De ahí la importancia de ciertos gestos. En febrero de 2022, la vicepresidenta de Asuntos Económicos y Transformación Digital, Nadia Calviño, anunció que no volvería a hacerse una foto en la que fuera la única mujer. «Son muchos los eventos en los que soy la única mujer porque soy la ministra y no podemos seguir considerando normal que no esté presente el 50 % de nuestra población», aseguró. Y lo cumplió. Tres meses después, se retiró de un *photocall* al darse cuenta de que sus tres acompañantes eran hombres. Los hubo que no lo comprendieron. O no quisieron. Lo tomaron como un tema banal, una neura o una especie de promesa a la virgen. No entendieron nada.

El género del ensayo es otro buen ejemplo de *noloharébienismo*. Los datos del estudio «¿Dónde están las mujeres en el ensayo?»[2], publicado en 2019 por Clásicas y Modernas, una asociación para la igualdad de género en la cultura, eran claros: de todos los ensayos publicados en España entre 2017 y 2018, las autoras españolas solo firmaban el 20 % de ellos. Como indicaba la biógrafa Anna Caballé en el prólogo del estudio: «Eso significa una evidente desproporción en el peso de las ideas, de la reflexión que hombres y mujeres aportan a la hora de una tarea común: interpretar el tiempo en que vivimos [...] Ese veinte por ciento de autoras en el ensayismo tiene necesariamente que aumentar porque la voz de las mujeres, sus ideas, sus ideales, su forma de analizar los conflictos, la historia, el arte nos son imprescindibles como sociedad si queremos encontrar un orden cada vez más inclusivo».

En el estudio se analizaron los títulos publicados a lo largo de dos años en ocho colecciones especializadas en ensayo de editoriales españolas. Eran un total de 852 libros, escritos por 879 autores, el 80 % de ellos hombres. Algunas editoriales eran más paritarias que otras. En una de ellas, el 95 % de los autores publicados eran hombres.

Las autoras del estudio apuntaban en las conclusiones que el ensayo constituye por excelencia el género que determina quién tiene autoridad para construir el «relato de la realidad». Y añadían: «Tradicionalmente a las mujeres no se les ha reconocido como voz de autoridad. En las reuniones públicas, las mujeres toman la palabra menos que los varones, hay menor expectativa sobre la relevancia de sus aportaciones, son interrumpidas con mayor frecuencia y sufren habitualmente *mansplaining*[3]. Sigue existiendo un rechazo al protagonismo femenino, las mujeres líderes soportan críticas y descalificaciones específicas por el hecho de ser mujeres [...] Todas estas circunstancias hacen que muchas veces las mujeres rehúyan las posiciones de liderazgo, centrándose en tareas laboriosas, pero no de primer nivel».

Subrayemos esto en fosforito. Ser escuchadas. Ser valoradas. Que se espere de nosotras que hagamos grandes cosas, más allá de saber combinar con gracia un blazer y una pashmina o conocer de memoria la dosis de Apiretal que toman nuestros hijos. Tener, a priori, la misma autoridad y credibilidad que un hombre.

De los 100 libros de no ficción más vendidos en 2021, solo 24 títulos estaban escritos por mujeres. Álvaro Palau es cofundador y director general de Arpa, la editorial que publica este libro. «El mercado de la no ficción es una representación imperfecta de las relaciones de poder que existen en la sociedad. Para mí, a nivel estructural, este porcentaje no hace más que reflejar la situación de las mujeres en muchos espacios de poder, como la política o la dirección de empresas», argumenta.

La editorial recibe muchos más manuscritos de hombres que de mujeres. De todos los libros que publicaron en 2021, menos de la mitad, el 32 %, estaban escritos por autoras. Asegura que a las mujeres les cuesta más decir que sí, dar el paso de escribir un ensayo. Entre los motivos para el *no*, están la inseguridad, la falta de tiempo y los recursos financieros. «Es un tema que he tratado regularmente con mujeres, tanto en la editorial como en el canal de YouTube Arpa Talks, y algunas de ellas me han explicado que una mujer tiene muchos menos incentivos objetivos que un hombre para tomar la palabra en público, porque la probabilidad de que eso le reporte algún tipo de beneficio —reconocimiento o ingresos, por ejemplo— es baja en comparación con un hombre, mientras que la probabilidad de que genere algún tipo de prejuicio (acoso, acumulación de trabajo) es mayor que en el caso de los hombres».

Palau ha observado, además, que las mujeres son mucho más críticas con su trabajo y que les cuesta sentirse satisfechas con sus manuscritos. «En mi experiencia, las mujeres se han mostrado casi siempre muy exigentes con su trabajo, lo que no me parece mal. Lo que me ha sorprendido negativamente en muchas ocasiones es la actitud de los hombres. Muchos de ellos diciendo auténticas tonterías, se creen dioses y lo hacen notar a los demás. No es malo ser crítica con una misma, es más perjudicial no tener los pies en el suelo».

Conclusión: nos cuesta más decir que sí aunque tengamos algo que decir. Lo resumía muy bien un tuit de la periodista cultural Eva Piquer Vinent en diciembre de 2021: «Queridos Reyes Magos, me gustaría que me trajerais la seguridad de los hombres mediocres»[4].

En correo urgente, por favor, añado.

4

SOLO SÉ QUE NO SÉ NADA

Estar a la altura de las expectativas de los demás es complicado. Estar a la altura de las expectativas de una misma es todavía peor.

La serie *Girls* —protagonizada, escrita y dirigida por la estadounidense Lena Dunham— gira alrededor de Hannah Horvath, una veinteañera aspirante a escritora, caótica y egocéntrica, que anhela su gran oportunidad. En una de las primeras temporadas, por fin está a punto de conseguirlo. Un histriónico editor le propone escribir un libro. El proceso de escritura y la fecha de entrega acaban por estresar a Hannah hasta el punto de despertar el trastorno obsesivo compulsivo que había marcado sus años de instituto. No es capaz de avanzar, ni de escribir, ni de contarle a nadie que sus propias expectativas —ser tan buena como siempre ha pensado, triunfar, hacerse un nombre en el mundillo literario— están acabando con ella. A lo largo de la serie, las amigas de Hannah le preguntan en varias ocasiones cómo lleva que tanta gente de su alrededor esté triunfando y que ella —la más talentosa de la universidad, la que parecía llamada a ser la *crack* de la promoción— no llegue nunca a nada. ¡Ten amigas para esto!

Las peores expectativas son las propias porque es difícil estar a la altura de nuestras exigencias. Para muchas de nosotras, hacer las cosas bien no es suficiente. Basta un mínimo error —aunque sea imperceptible para los demás— para amargarnos el día, la semana, el mes. Obviamente, hay que ser exigentes. Pero hay una línea que separa la profesionalidad de la tiranía de la perfección. Existe una diferencia abismal entre no entregar ningún trabajo de baja calidad, y repasar mil veces, fustigarse por una errata, pasar noches previas siendo presa del insomnio y el mal dormir, tener malestar físico, estresarse ante una fecha de entrega y necesitar la aprobación de nuestro jefe para poder sentirnos satisfechas y respirar aliviadas.

El perfeccionismo y la autoexigencia son rasgos comunes en las impostoras. Concebimos la vida como un centro de alto rendimiento. Hay que hacerlo todo bien, siempre. Nunca podemos bajar el nivel que nos hemos autoimpuesto.

Quizás haya que buscar el origen de la alta exigencia en uno de los estereotipos más tóxicos que existe para las mujeres: el de la *superwoman*, la mujer todoterreno y sobrehumana que es perfecta en todos los aspectos de su vida: en el profesional, en el familiar y en el social. Mujeres que trabajan duro en la oficina y que al llegar a casa tienen tiempo y ganas de preparar cenas saludables, llamar a la amiga recién divorciada para preocuparse por su estado anímico, hacer una colada, leer un cuento a los niños, echar un polvo fantástico con su pareja y dormir de un tirón las ocho horas de rigor. Todo sin queja y con alegría de vivir, como en una versión pseudomoderna de aquellos casposos manuales de la perfecta ama de casa que tenían nuestras abuelas en el salón de casa. Las que fuimos niñas en los años noventa crecimos en una sociedad que aplaudía ese modelo, ser ese tipo de mujeres completas era algo aspiracional, las revistas femeninas se nutrían de entrevistas que nos enseñaban que una mujer moderna compatibilizaba el traje chaqueta, el biberón y el picardías. Que ser mujer era llegar a todo y además lucir perfecta. Listas, eficientes, buenas madres y embadurnadas en rímel *waterproof*.

Qué estafa. Qué fábrica de sentimientos de culpa al comprobar que no se puede. No, al menos, sin perder por el camino la salud (la física, la mental o ambas).

La dictadura del perfeccionismo nos lleva a pensar que todo podría ser mejor de lo que es, que siempre podemos mejorar: dedicando más horas, fustigándonos más, repasando una y otra vez. Nos negamos a hacer las cosas medio bien, y eso nos lleva a decir que no muchas veces. Ante cualquier oportunidad laboral nos preguntamos si estaremos a la altura. Hablábamos en el capítulo anterior de que los hombres tienen el sí en la punta de la lengua. A nosotras nos sale el «no» casi de manera automática. Como en el caso de escribir un ensayo. A una mujer, nos contaba el editor, le cuesta más aceptar una propuesta de escritura. La primera respuesta es «no», luego ya veremos. Un ejército de preguntas hará cola en nuestra cabeza esperando respuesta: ¿Tendré tiempo para hacerlo bien? ¿Podré contar lo que quiero y como quiero? ¿Cuánto tiempo extra, esfuerzo y dedicación me costará? ¿Dispongo de ese tiempo y energía? ¿Qué obtendré a cambio? ¿El esfuerzo se verá recompensado? ¿Sé lo suficiente? ¿Quiero exponerme de ese modo al mundo?

Hacerlo mal, decepcionar a los demás, da mucho miedo. Demostrarnos a nosotras mismas que no somos capaces, da pavor.

Exponernos es un riesgo al que cuesta decir que sí. En tiempos de *haterismo*, lo público se ha hecho todavía más hostil. Las consecuencias del fracaso pueden ser infinitamente más notorias. Y toda impostora teme al fracaso, al error, a hacer el ridículo, a echar por los suelos todo el trabajo que le ha costado llegar donde está.

Como veíamos en el caso de las vulcanólogas, muchas expertas se negaban por miedo a ser inexactas, a no explicarse bien y a que alguna imprecisión acabara siendo carne de titular y habitando la eternidad de internet. No es lo mismo fracasar en *petit comité*, que en horario de máxima audiencia. No es lo mismo un error del que únicamente tendrá constancia tu jefe, que pifiarla ante millones de pares de oídos en la radio.

Sara Montesinos es periodista experta en migraciones, feminismos y derechos humanos. En septiembre de 2021 publicó un artículo en un medio digital[1] en el que ahondaba en el pánico que sintió tras recibir una llamada para participar como tertuliana en el programa de las mañanas de la radio autonómica catalana: «La noche antes de la primera tertulia tuve un ataque de nervios y miedo que solo pudo calmar mi padre al teléfono. ¿Y qué voy a decir? ¿A quién le parecerá interesante? ¿Y si tengo que hablar de algún tema que no conozco? […] ¿Y si digo algo y me equivoco? ¿Y si después me insultan en Twitter? Miles de preguntas me rondaban y no podía hacer otra cosa que llorar mientras pensaba en llamar a producción y decir que finalmente no podía ir. Pero fui». Y continuaba: «Cuando pienso de forma racional y me doy cuenta de la cantidad de hombres mediocres que hay haciendo de tertulianos u ocupando espacios mediáticos, asumo que tengo derecho a no ser brillante y que no por eso soy invisible. Ante la idea de exponerme a nivel mediático, el miedo se convierte en un monstruo irracional».

En un mundo permanentemente conectado, y adicto a lo viral, los miedos de la impostora se elevan a la enésima potencia. Es inevitable que nos reconcoman las dudas, la inseguridad. ¿Realmente quiero arriesgarme a acabar siendo un meme? ¿Quiero protagonizar el vídeo viral del día? ¿Quiero la inmortalidad de Google, que mi error permanezca para siempre a golpe de click? ¿Que en una red social se burlen de mí por haber metido la pata?

No, gracias.

Hay tanto que perder, tanto en juego, que exponernos se ha convertido en un deporte de riesgo. El miedo al fracaso alimenta nuestra angustia, nuestra falta de confianza. Y, en este sentido, las redes son un campo de minas. También una oportunidad, pero ¿a qué coste? ¿Entenderán el sentido de nuestro tuit? ¿Malinterpretarán lo que comparto?

El perfil de Twitter Académicas Desvergonzadas se registró en noviembre de 2021 y se presenta así en su biografía: «Es por todos conocido que las mujeres no hemos sido entrenadas en el arte del autobombo. Señoras, difundamos nuestras investigaciones y méritos. No se subestimen». Su objetivo es dar a conocer los logros profesionales de aquellas mujeres que se reprimen a la hora de darse pisto.

Subestimarnos es un terreno que conocemos bien. Nos da vergüenza, reparo, mucho palo, demostrar que sabemos cosas, que somos expertas en algo. Ay, que no parezca que me las doy de algo. Uy, que no digan que me creo que sé. Que no piensen que divulgo mis conocimientos para pavonearme y dármelas de experta. Aunque lo sea. Aunque sepa. Aunque merezca el reconocimiento que no me permito. Aunque cualquier hombre en mi situación no dudaría ni un segundo en hacerlo.

La primera publicación que compartieron en su perfil fue el de un estudio[2] de Estados Unidos, titulado «Cómo las mujeres subestiman su trabajo» y publicado en la revista *Harvard Business Review*, que afirma que las mujeres del ámbito académico no saben venderse. Los autores del estudio se centraron para su análisis en el uso del lenguaje en los títulos y los resúmenes de artículos científicos, que suelen ser el gancho para leerlos. Observaron que los artículos escritos por mujeres utilizaban con menos frecuencia adjetivos elogiosos como «novedoso», «excelente» o «único», por lo que acababan siendo menos citados. Los autores que practicaban menos autobombo recibían menor atención que los que no dudaban en venderse bien.

A las mujeres, especialmente a las impostoras, nos cuesta más darnos a conocer, promocionar nuestro trabajo. Académicas Desvergonzadas pretende difundir el conocimiento, el trabajo y la experiencia de mujeres científicas para romper con esa brecha.

Está claro que la vergüenza y las dudas merman nuestra visibilidad, nuestra proyección y nuestra carrera laboral. Si no queremos exponernos, saltar a lo público, será difícil que nos vean y nos escuchen, sobre todo cuando nunca se nos ha dado la voz ni se nos ha prestado la atención. Tenemos miedo a hacerlo mal, pero si sale bien no se nos pasa. A las psicólogas que acuñaron el síndrome, Clance e Imes, les sorprendió la naturaleza perpetua de los síntomas, la omnipresencia y la longevidad de los sentimientos de impostura, su descontento continuo con sus propias capacidades y el persistente miedo al fracaso. «No hemos observado que los éxitos repetidos rompan el ciclo», señalaron.

Si salimos airosas de una situación que nos genera inseguridad, no aprenderemos la lección como por arte de magia, no domesticaremos a la bestia a base de éxitos. Esto no es un cuento con moraleja. No es una película con final feliz. Desprenderse del látigo de la impostura exige arremangarse.

La impostura tiene otra trampa perversa: el miedo a hacerlo bien. Cuando a una impostora la felicitan por un trabajo bien hecho, le asalta un miedo corrosivo a no poder volver a hacerlo igual de bien. La palmadita en la espalda, la enhorabuena, el «tía, qué bien has hecho esto» o el reconocimiento al mérito, nos llenan de inseguridad y de «y si», que ahora ya sabemos que son el alimento que hace crecer fuerte y sano al *noloharébienismo*: ¿Y si no vuelvo a estar a la altura? ¿Y si a partir de ahora esperan de mí un nivel que no volveré a alcanzar? ¿Y si la próxima vez les decepciono? ¿Y si todo lo que haga a partir de ahora es peor?

Como no sabemos nada, como somos un fraude, asumimos como propios todos los errores, aunque no lo sean, o no tanto, o sean nimios, o minúsculos, y repartimos el éxito cuando algo nos sale bien. La culpa siempre es mía, pero del mérito solo me corresponde una porción. Y pequeñita, que engorda. Solo una cucharadita, no vaya a ser que me siente mal.

Por lo tanto, si nos felicitan, las impostoras buscaremos diecinueve maneras de justificarnos: no fue tan complicado, prácticamente no hice nada, me ayudaron mis compañeros, la idea fue de otro, solo seguí los consejos que me diste, tengo un buen maestro, no le dediqué mucho rato o bueno, la verdad, no es para tanto.

Con lo fácil que sería levantar la cabeza, sonreír y decir: «Gracias, me esforcé mucho».

5

SALUD MENTAL

Ser una impostora es agotador. Es un trabajo a tiempo completo y sin remunerar.

Una impostora habita un infierno particular. Finge que todo va bien mientras es carcomida por los nervios. Dice no a lo que querría ser capaz de decir que sí. Deja pasar de largo las oportunidades. No levanta la mano, no alza la voz, no entra en un despacho. Contempla cómo otras personas, quizá menos preparadas, pero más seguras de sí mismas, sobresalen en algo de lo que, sin duda, ella sabe tanto o más.

Una *noloharébienista* es mera espectadora de su vida. Alguien que se sienta en un banco (incomodísimo, por cierto) de la estación a ver cómo se le escapan todos los trenes. Sufre, duda, lo pasa mal, se fustiga. Una o varias veces al día se siente cobarde, imbécil, inútil. Y lo peor es que no hay a quién echarle la culpa: es ella la que se pone los palos en las ruedas, la que se hace la zancadilla, la que consigue que los mejores planes salgan mal.

Y así un día, y otro, y otro más. Un mes. Años. Un día miramos atrás y nos damos cuenta de que llevamos media vida bajo el látigo de nuestros miedos, oprimidas por la dictadura de la inseguridad.

¿Está algún gremio a salvo? ¿Hay algún oficio que se libre de los sentimientos de impostura? La respuesta es que no. Ni los puestos de responsabilidad ni las profesiones universalmente respetadas, como la medicina, escapan de los perversos tentáculos del autoboicot.

La doctora Montserrat González Estecha es jefa de servicio de Bioquímica Clínica en el Hospital Gregorio Marañón de Madrid y coautora, en una publicación internacional sobre equidad de género, de un capítulo acerca del síndrome del impostor como factor de riesgo en el desarrollo de síntomas psiquiátricos en las mujeres médicas. En marzo de 2022, coincidiendo con el Día de la Mujer, impartió una ponencia en el Consejo General de Colegios Médicos titulada «El Síndrome del Impostor en la profesión Médica»[1], en la que aseguró que las profesionales que sufren el síndrome de la impostora cuando alcanzan puestos de responsabilidad tienen más riesgo de padecer depresión, ansiedad, agotamiento y burnout (o síndrome del trabajador quemado). Siete de cada diez mujeres médicas han sufrido el síndrome de la impostora.

Según explicó González Estecha, la propia exigencia de la profesión, el hecho de que se desarrolle en un entorno muy competitivo desde la facultad, la alta responsabilidad que implica el oficio y el trabajo fuera del horario (conferencias, artículos, cursos), facilitan la aparición del síndrome. Tampoco los grandes logros profesionales y académicos hacen menguar la sensación de ser un fraude.

Cualquier momento es bueno para la aparición estelar del síndrome de la impostora. Lo escribe Alba Alfageme Casanova, psicóloga y profesora en la Universidad de Girona, en su libro *Quan cridem els nostres noms*[2] («Cuando gritamos nuestros nombres»), en el que escribe sobre las consecuencias psicológicas del patriarcado en las mujeres a través de casos atendidos por ella misma a lo largo de sus más de veinte años de trayectoria profesional.

Alfageme escribe[3]: «Existe también otro miedo, más emocional, que tiene que ver con la sensación que lo que hacemos no vale la pena, que nunca estamos lo suficientemente preparadas, que nunca estamos a la altura, o que no nos merecemos ocupar aquel espacio y aquel tiempo, por eso es mejor ir rápido y desaparecer cuanto antes. Cuando rompemos barreras patriarcales, el proceso emocional que tenemos que gestionar es duro y complejo. Pero no penséis que nos pasa cuando hacemos grandes cosas, o grandes retos, sino que lo sentimos en lo más cotidiano: qué pregunta hago en clase, qué foto subo a las redes sociales o qué reflexión hago en una reunión de trabajo».

Entrevisto a esta psicóloga, que me cuenta que las pacientes no acuden directamente a consulta por el síndrome de la impostora, pero que la impostura es común, sin que ellas sean conscientes, en muchos casos. Es fundamental identificarlo para que se den cuenta de hasta qué punto las sabotea.

Hablamos de mujeres que presentan baja autoestima, sentimientos de incapacidad ante determinadas situaciones, bloqueos a la hora de tomar ciertas decisiones o cuando tienen que exponerse en público. Las impostoras tienden a evitar las situaciones que sienten que no son capaces de afrontar. Como no puedo, lo evito, digo que no, y así no paso el mal trago.

Pero no siempre es posible evitarlo.

Para esas situaciones, la impostora dirá que sí, pero sintiendo que no lo hará bien, lo que la llevará a afrontarlo desde la inseguridad. «Si al final sale mal, pensará que su impostura se confirma», explica Alfageme. Es lo que en psicología se conoce como la *profecía autocumplida* y que entenderemos mejor con un ejemplo.

Vamos a imaginar que nos invitan a un coloquio. Tenemos que acudir por varias razones, pero la más importante es que ningún motivo razonable justificaría nuestra negativa. Pongamos que nos avisan con un mes de antelación. Poco a poco, el monstruo del autosabotaje irá conquistando nuestro cuerpo. Para cuando falten un par de días, las impostoras sentiremos nervios, incertidumbre, inseguridad. Anticiparemos todos los errores que podríamos llegar a cometer, repasaremos nuestra intervención hasta la extenuación, incluso nos veremos a nosotras mismas pasándolo mal. La cabeza nos irá repitiendo un mantra que se apoderará de nuestro cerebro con la eficacia del estribillo de una canción pegadiza: no vas a poder, no te explicarás bien, bastarán dos minutos para que todos sepan que no tienes ni idea de lo que hablas, te temblará la voz, te pondrás roja como un tomate, no sabrás qué contestar a las preguntas que te formulen, divagarás, te quedarás en blanco, harás un ridículo espantoso, nunca más te volverán a llamar. Bueno, ahí está la profecía, todos esos mensajes que nos repetimos a nosotras mismas como si hubiéramos invitado a nuestro peor enemigo a una fiesta en honor a la falta de amor propio. Al coloquio iremos condicionadas por esas frases machaconas, presas de la inseguridad. Si no conseguimos controlarnos y dominar la impostura, puede que ocurra. Puede que no lo hagamos bien. Puede que, efectivamente, nos tiemble la voz, nos pongamos rojas y divaguemos o nos quedemos en blanco. Y nuestra cabeza no aprenderá la lección, no. Será el monstruo del autosabotaje el que se anote el tanto y nos diga aquello de «te lo dije, no estabas preparada, esto te venía grande, ya sabías que no lo ibas a hacer bien».

Un asco. Puedes añadirle más dramatismo a la escena anterior releyéndola al son de la canción *Piano Man* de Billy Joel o con *Creep* de Radiohead. Si vamos a autoflagelarnos, hagámoslo siempre a lo grande, amigas.

Como hemos dicho en un capítulo anterior, un hombre podría sentirse también inseguro, tener miedo a hablar en público o dudas sobre su valía profesional. Pero, como señala Alfageme, uno y otro síndrome, el del impostor y el de la impostora, se diferencian en algo esencial: en el caso de las mujeres se le añade el componente estructural. Desde niñas hemos recibido una educación patriarcal que nos ha intentado dejar muy claro el espacio que ocupamos, a qué podemos aspirar y hasta dónde podemos llegar. El espacio público ha estado históricamente ocupado por hombres y han sido ellos los que han decidido quién tenía que estar y quién no. Es lo que viene siendo una jugada perfecta. Los parámetros con los que se nos ha juzgado han sido absolutamente masculinos. «El síndrome de la impostora es un fenómeno estructural que acaba repercutiendo en nosotras y resonando en muchas de nosotras. Todos sabemos de lo que hablamos, y no es casual, forma parte de nuestra educación», explica Alfageme.

Por eso, tampoco es casualidad que la impostura y la vulnerabilidad aparezcan en todo aquello que tiene que ver con lo público y con lo profesional. Que nos visiten cuando rompemos techos de cristal en ámbitos ocupados tradicionalmente por hombres, cuando abrimos nuevos espacios, en todo aquello en lo que no tenemos referentes femeninos. «Siempre nos han dicho que lo que nos corresponde es el espacio privado, como la familia y el hogar; pero lo público, lo productivo, lo laboral, no», afirma la psicóloga.

Además, advierte Alfageme, cuando nos exponemos a lo público, las mujeres somos doblemente juzgadas. No se nos evalúa únicamente por lo que decimos, también por el cómo, por nuestra indumentaria, nuestro peinado o nuestra manera de movernos. Estamos permanentemente sometidas a un tribunal de examen que no deja pasar ni una.

El síndrome de la impostora tiene consecuencias. Puede dinamitar nuestras carreras profesionales y nuestras vidas. «Perder oportunidades por miedo a no estar a la altura, a no hacerlo bien, puede generar mucha frustración. No consigues tus objetivos, pero, además, cuando revisas tu historia, te das cuenta de que has sido tú la que ha dicho que no, que no has parado de autosabotearte, que te has limitado y no has llegado donde querías», cuenta Alfageme.

Muchas impostoras acaban optando por la evitación. Exponerse les genera tanta ansiedad, que, a la larga, es difícil de mantener. ¿Vale la pena encontrarte mal y pasarlo peor? ¿Tener el runrún durante días (lo harás mal, lo harás mal, lo harás mal), dolores de tripa, de cabeza, ser un manojo de nervios? Cuesta pensar en un objetivo por el que merezca la pena tanto malestar.

Alfageme diferencia entre los nervios previos a cualquier tema importante —un poco de estrés positivo y de inseguridad que son útiles para activarnos y concentrarnos— de la tortura del síndrome de la impostora, con sus pensamientos catastrofistas en bucle. La hiperexigencia también contribuye a no estar nunca satisfechas del todo.

La buena noticia es que la impostura puede domesticarse. Explica Alfageme: «A la impostora puedes alimentarla o puedes hacer que desaparezca. No deja de ser falta de autoestima e inseguridad aprendidas, y si te lo trabajas a nivel personal, puedes aprender a gestionarla. Además, hay que aceptar que podemos equivocarnos. No pasa nada. Errar es un aprendizaje. ¿Qué es lo peor que puede pasar si te equivocas?».

¿Qué responderías tú?

6

ES EL PATRIARCADO, AMIGAS

En uno de los capítulos del libro *Mirarse de frente*[1], la autora neoyorkina Vivian Gornick escribe acerca de una antigua amiga con motivo de su reciente fallecimiento en un accidente de coche, una escritora brillante y carismática a la que llama —es un seudónimo— Rhoda Munk. La había conocido veinte años atrás en una fiesta, después de dedicarle una elogiosa reseña sobre su último y exitoso libro, lo que propició que entablaran una amistad que el tiempo, las circunstancias y unas vacaciones juntas —la prueba de fuego de cualquier relación— acabaron enfriando. Pero al conocerla, le pasó aquello que a veces nos sucede cuando iniciamos una nueva amistad con alguien con quien congeniamos de un modo especial: que sufrimos una especie de enamoramiento. Un flechazo cuya sintomatología pasa por la absoluta fascinación, las ganas de pasar todo el tiempo posible juntas y la necesidad de que la otra persona sienta la misma felicidad que nosotras sentimos estando en su compañía.

Escribe Gornick que, por aquel entonces, ella daba por hecho que alguien con la edad y la trayectoria profesional de su amiga siempre había sido escuchada, que no tenía que luchar, como ella, para que le prestaran atención cuando hablaba o manifestaba sus opiniones en público. Hasta que una noche organizó una cena en casa. Entre los invitados había dos celebridades, Munk, y un hombre, al que la neoyorkina describe como «un comunista de la vieja escuela», uno de aquellos tipos, añade, que da por hecho que lo que él tiene que decir es siempre de un «interés supino».

Volteemos los ojos y prosigamos.

Aquella noche acabó, por supuesto, muy mal. Mientras Gornick ponía la fuente con el pollo y el cuenco de judías verdes sobre la mesa, escuchó cómo su amiga decía: «A mí un tío feo y enano como tú no me manda callar». Se lo decía al marido de una de las invitadas. Cuando Gornick preguntó qué pasaba allí, el «tío feo y enano» afirmó, indignado, que Munk no paraba de interrumpir al comunista, que no le dejaba acabar ni una sola frase. La escritora se defendió: «Ojalá alguien pudiera impedir que este hombre termine una frase. Yo creía que estaba ayudando a convertir un monólogo en una conversación. Pero no me había dado cuenta de que estábamos ante un caso de hombre adora a hombre».

Boom.

En el siguiente capítulo profundizaremos en el *mansplaining*, esa inquietante y molesta facilidad que tienen los hombres —«algunos, no todos», suena en mi cabeza a modo de coro griego— para explicarnos de qué trata la vida, qué nos pasa, cómo tenemos que sentirnos, qué tenemos que hacer y hasta qué punto podemos hablar, dar la lata o, Dios nos libre, osar interrumpirles.

Los hombres llevan muchos siglos —todos, de hecho— dejándonos claro que somos personajes secundarios. Enseñándonos qué roles nos corresponden y en qué otros somos meras invitadas. Explicándonos un mundo que consideran suyo con la paciencia limitada con la que un padre explica a un niño pequeño que después de la cena se lavará los dientes, leerán un cuento y será la hora de dormir. Te pongas como te pongas, las cosas, hijo, son así. Pero no te quejes, cielo: la pasta de dientes es de fresa, el cuento es tu favorito y puedes escoger el peluche con el que dormirás hoy.

Hay varios motivos que explican el porqué de que tantas mujeres nos sintamos incapaces, poco válidas e impostoras pese a no serlo. Como afirman la periodista Elisabeth Cadoche y la psicoterapeuta Anne de Montarlot en su libro *El síndrome de la impostora*[2], tras este sentimiento de fraude hay motivos sociales, familiares... e históricos. Sobre todo, históricos. Escriben: «Si a las mujeres a veces les falta confianza en sí mismas es ante todo una cuestión histórica, de presión social, de familia, de lenguaje, de creencias». Y añaden: «Durante mucho tiempo, las mujeres han sido víctimas del patriarcado y han sido criadas en la fragilidad. La falta de confianza de las mujeres es consecuencia, en buena medida, de una herencia histórica. Es el resultado de siglos, incluso de milenios, de supremacía masculina».

Hemos nacido, nos han criado y nos hemos hecho adultas en un mundo en el que pintábamos poco. Soy muy consciente de que escribo desde el privilegio. Que soy una mujer occidental, blanca y heterosexual. Que nací en democracia. Que me crie en una familia en la que tanto el hombre como la mujer trabajaban a jornada completa fuera de casa y compartían cuidados. Eso, en los años ochenta, era una rareza. Lo comprendí con el tiempo. Que lo que pasaba en casa, que mi padre se encargara también de hacer la compra —no iba con una lista hecha por mi madre y la recitaba, no, compraba sin chuletas—, de cocinar, de ayudarnos con los deberes o secarnos el pelo era atípico.

En esa igualdad de tareas tuvo mucho que ver mi madre. Siempre quiso trabajar, ganar su propio dinero, no renunciar a una vida profesional que la satisfacía. Cuenta que los primeros días de convivencia, tras casarse y el viaje de bodas, mi padre llegaba a casa, se sentaba en el sofá, encendía la tele, o abría el periódico, y esperaba. Pasó un día. Pasó otro y el siguiente. Hasta que al cuarto mi madre le dijo que eso no iba a ser así, que espabilara, que ella también trabajaba y no iba a ser la sirvienta de nadie. Ya no tuvo que repetírselo más.

Pese a todos los privilegios, y a la anomalía hogareña, crecí en una sociedad en la que lo que se esperaba de *unos* y de *otras* era distinto. Había mujeres presentando el telediario —siempre jóvenes y atractivas—, pero no protagonizando los temas de apertura (los presidentes del gobierno, de la patronal, de los sindicatos y de los clubes de fútbol eran hombres). Los libros de texto estaban llenos de señores que habían hecho cosas trascendentales. Los padres eran hombres ocupados que no tenían tiempo de recoger a los críos a la salida del colegio. Llegaban tarde, si es que llegaban, a los conciertos de Navidad y a las fiestas de fin de curso. No sabían nada de mí cuando sus hijas me invitaban a dormir a su casa el fin de semana y a la hora de la cena seguían llamándome Eva o Gemma. Las de mi generación crecimos intuyendo que la vida de un hombre era otra cosa: muy seria, muy atareada y muy importante.

Irantzu Varela es, así se describe en su biografía de Twitter, «periodista, feminista, vasca, bollera y gorda». Presenta *El Tornillo*, un microespacio feminista, en Público TV. En noviembre de 2021 publicó uno sobre el síndrome de la impostora[3] en el que decía: «Desde el feminismo hemos aprendido que, si una cosa nos pasa a todas, seguramente no será un problema individual, no será un problema tuyo, no se explicará solo analizando tu psicología, seguramente el síndrome de la impostora, como muchos otros miedos e inseguridades que nos atraviesan a las mujeres, sea sistémico. O sea que el síndrome de la impostora es el patriarcado». Y continuaba: «A las mujeres se nos ha socializado en la idea de que el espacio público no es nuestro, que en lo público siempre somos invitadas e incluso se nos ha convencido de que cuando ocupamos lo público se lo estamos quitando a un hombre, que no estamos en él por méritos propios [...] y que es una situación pasajera, anormal, forzada».

Sí, durante mucho tiempo hemos sido meras invitadas al espacio público. Algunos siguen queriéndonos en ese papel. Podemos estar siempre que no molestemos, que no fastidiemos y, sobre todo, que no empecemos con nuestras monsergas. Es un don mágico que tenemos: nos hacemos pesadas muy pronto, cansamos enseguida.

La actitud y la manera de expresarse de los hombres es distinta. Ellos han crecido en un mundo hecho a su imagen y su semejanza, en una sociedad que les daba palmaditas en la espalda y que los animaba a seguir adelante: campeón, *crack*, valiente, machote, puedes con todo, cómete el mundo. Cómo no comerte el mundo si te lo sirven en bandeja. «Pues yo no, a mí no, yo no tuve», brama de nuevo el coro griego en mi cabeza.

Bueno, es un poquito más fácil creer en uno mismo si no te ponen en duda sistemáticamente. Es más sencillo sentirte con el derecho de ocupar un lugar, de hablar en público, de llegar lejos, de tener un despacho con vistas, cuando eso ha sido lo que se ha esperado siempre de ti. Hacerlo es más fácil cuando nadie duda de que lo harás. La vida es un día soleado si lo que se espera de ti es precisamente aquello a lo que tú aspiras.

Según un estudio realizado por la revista *Harvard Business Review* en 2019[4], las mujeres tenemos menos autoestima y menos seguridad en nosotras mismas hasta los 40 años, edad a partir de la cual hombres y mujeres estarían al mismo nivel de autoconfianza. En un artículo publicado en el diario *El País*[5] a raíz de estos datos, la escritora, economista y experta en liderazgo femenino Pilar Jericó, entrecomillaba una frase de la directora financiera de Facebook, Sheryl Sandberg, en la que aseguraba que a los hombres se les contrata por las expectativas y a las mujeres por los resultados. Nuestra falta de autoestima condiciona nuestras decisiones laborales, determina la seguridad con la que nos presentamos a una entrevista de trabajo, incluso si acudimos o no. Escribía Jericó: «Por lo general, las mujeres necesitamos estar más seguras de que cumplimos con todos los requisitos que nos solicitan cuando aspiramos a un puesto. Podríamos decir que somos más prudentes: "quizá no esté preparada todavía", "necesito saber más para lo que están pidiendo" o "total, si no me lo van a dar...", son algunos de los comentarios que resumen lo que nos sucede».

Prudentes o no, dejar de postularnos, creer que no somos el perfil adecuado o dudar de nuestra preparación, no es una estrategia que abra puertas precisamente. Más bien, es como tirar un montón de talento, ganas y posibilidades por la ventana. El mismo mantra maldito de siempre: para que otro me diga que no, ya me lo digo yo.

Joana Russ fue escritora, académica y feminista. Nació en Nueva York en 1937, ejerció como profesora universitaria de literatura inglesa, y escribió novela y ensayo. Fue una de las pioneras, junto a Ursula K. Le Guin, de la ciencia ficción feminista. Entre sus obras está el ensayo *Cómo acabar con la escritura de las mujeres*[6], publicado originalmente en 1983, y en el que enumeraba un completo catálogo de estrategias utilizadas a lo largo de la historia para ignorar, condenar o menospreciar a las mujeres que escriben. Entre ellas: no tomarlas en serio (que una mujer escribiera se le daba la misma relevancia que el que fuera aficionada al macramé), insinuar o poner en duda su autoría, despreciar los temas y el contenido de sus escritos («los testimonios masculinos sobre intensas experiencias autobiográficas no suelen despreciarse mediante el calificativo de confesionales», escribió), aislar el mérito o considerarlo una anomalía.

Russ insistía en la importancia de los referentes, en lo esencial que era para las mujeres escritoras no sentir que lo estaban haciendo por primera vez. Ella misma, en una cita que podría haber sido romántica con un estudiante de posgrado en su primer año de universidad, tuvo que aguantar que él le preguntara cómo llevaba ella, como aspirante a novelista, que ninguna mujer hubiera producido nunca gran literatura. Eran los años cincuenta, puede replicar alguien. Yo escuché la misma frase, con alguna variación estilística sin importancia, a mis veintipocos. Decídselo de mi parte.

Si mi testimonio no le sirve a ese insolente imaginario que ha aparecido de repente con ganas de torcernos la tarde —sospecho que forma parte del coro griego que viene acompañándonos todo el capítulo—, tengo otros. El de la escritora Isabel Allende, por ejemplo. Ella es la autora en español más leída del mundo. En 2014, en una entrevista con la escritora y periodista cultural Inés Martín Rodrigo[7], decía: «En la literatura, una mujer tiene que hacer el triple de esfuerzo que un hombre para obtener la mitad de respeto. Me costó treinta años de escritura y veinte libros para que me dieran el Premio Nacional de Literatura en Chile y estoy muy agradecida, porque me dio una situación de respeto que mis colegas no me habían querido dar. Tenía el público a mi favor, pero no tenía ni a la crítica ni a mis colegas».

Es un buen resumen el de Allende: ser mujer es esforzarse el triple que un hombre para que te respeten la mitad.

Sí, ser mujer supone tener que demostrar que somos capaces. Sí, todavía. No, no nos quejamos por vicio. Claro, sabemos que es agotador escucharnos una y otra vez con la matraca. Cuando mi hija era pequeña y se quejaba con un «siempre dices que no», yo le contestaba «dame motivos para el sí». Esto vendría a ser lo mismo: dadnos motivos para dejar de quejarnos.

Será un auténtico placer.

7

CURSO EXPRÉS DE *MANSPLAINING*

Para aprender a dudar de nosotras mismas no hay mejor escuela que el *mansplaining*. A la hora de aprender a silenciarnos hemos tenido grandes maestros.

El diccionario inglés Oxford incluyó, en enero de 2018, el término *mansplaining* en su edición online. Lo define así: «(De un hombre): Explicar (algo) innecesariamente, de forma prepotente o condescendiente, especialmente (habitualmente cuando se dirige a una mujer) de una forma considerada condescendiente o paternalista».

Pero si vamos a lo sencillo bastará con deconstruir el término para entenderlo: *man* y *explaning*, hombres que explican. Que *nos* explican, para ser más concretas.

Aunque el uso de este anglicismo está muy generalizado, la Fundación del Español Urgente (Fundéu), una institución sin ánimo de lucro cuyo principal objetivo es impulsar el buen uso de la lengua española en los medios de comunicación, propone el neologismo «machoexplicación» como alternativa válida. Como detallan en su página web[1], «machoexplicación» comparte el mismo carácter informal del original inglés y permite la creación de otras voces de la misma familia léxica, como «machoexplicador» o el verbo «machoexplicar». Y concretan: «Una alternativa más formal es la fórmula condescendencia (machista o masculina si se quiere hacer hincapié en esos matices)».

Cualquier hombre que quisiera iniciarse en la machoexplicación o el *mansplaining* —dejemos en el aire los motivos que podrían llevarle a tomar tal decisión, teniendo la alternativa de lanzarse a aficiones tan o más provechosas como el triatlón, el aprendizaje de un nuevo idioma o el bricolaje—, haría bien en seguir una serie de recomendaciones, testadas con éxito a lo largo de la historia de la humanidad por centenares de miles de sus congéneres.

Un curso exprés de *mansplaining* se centraría en el dominio de algunas disciplinas. He aquí los ocho mandamientos del *mansplainer*:

— Interrumpe: Es fundamental no dejar terminar una frase, meter baza incluso, y especialmente, cuando no tengas nada nuevo ni interesante que añadir a lo que estamos contando en ese momento. Interrumpiendo conseguirás dos cosas muy importantes: hablar tú y rompernos el hilo argumental, con lo cual nos será difícil volver al punto del discurso en el que estábamos. Si tu interrupción es para hacer una gracia o un chascarrillo, miel sobre hojuelas.

— Pontifica: Si compartes conversación con una mujer que, por ejemplo, lleva dos décadas estudiando un campo de investigación concreto o que ha escrito un libro sobre ese mismo tema del que está hablando, sería ideal que, a la más mínima oportunidad, añadieras un comentario o una frase con suma seriedad —es recomendable acariciarte la barbilla, mirar al infinito o engolar la voz mientras la pronuncias— y que puedes, o bien improvisar en ese momento, o basarla en algo que leíste hace poco en Facebook o en aquello que te contó tu cuñado en la sobremesa de la última comida familiar. Lo mejor será defender un punto de vista completamente contrario al de la experta con la que conversas. Que no te acobarde —sabemos que no lo hará— tener poca idea del tema en cuestión. Defiende con vehemencia tu postura. Apoya incondicionalmente la versión de tu cuñado, que sabe de todo. Si la mujer contradice lo que estás diciendo —aunque lo haga aportando datos— no des tu brazo a torcer. Un buen recurso para zanjar discusiones es usar frases del tipo: «eso no es como lo dices tú» o «creo que estás muy equivocada» con una mirada de superioridad. Si insiste, saca tu as de la manga: finge una tranquilidad cercana al estoicismo y suéltale un «no tienes que ponerte así, mujer». Paladea ese «mujer» con aire triunfal. Vuelve a acariciarte la barbilla.

— Sé condescendiente: Danos consejos que no te hemos pedido. Explícanos las experiencias vitales por las que hemos pasado y tú no —necesitamos desesperadamente tus lecciones sobre el parto y la menstruación, por favor—. Explícanos de qué va el mundo y cuáles son nuestros errores. Detállanos todas aquellas cosas que hacemos mal. Dinos que nada de lo que nos preocupa es para tanto. Recuérdanos por qué somos unas quejicas. Haznos el favor de contarnos cómo de complicada ha sido tu vida y lo poco que te has quejado tú. Menospreciar o desdeñar aquello que decimos, exigimos o expresamos te harán ser un alumno aventajado del *mansplaining*.

— Finge sordera selectiva: Tú habla. Exprésate, no vayas a quedarte con las ganas. Enlaza una frase con otra, no dejes espacio a la interrupción. Aparta de ti, con la despreocupación del que espanta a las pegajosas moscas veraniegas que revolotean alrededor de un plato de arroz, nuestras voces diciéndote que no, que no nos has entendido bien. Niégate a escuchar cualquier razón de peso. Que nadie ose insinuar que andas equivocado.

— Practica el paternalismo: Claro que tú sabes más que nadie. Qué más da no ser un experto a la hora de explicar a una ingeniera aeroespacial la mecánica de un avión, la conjetura de Hodge a una matemática, tu opinión sobre la lactancia materna a una puérpera. Explícalo todo con sumo paternalismo como si en vez de hablarle a una mujer adulta, te dirigieras a una niña de cinco años. Y regaña, que algo habremos hecho.

— Haz traducción simultánea: Explícanos lo que queremos decir, tradúcenos nuestras propias palabras. Ante la duda de si somos tontas de remate o estamos usando la ironía, opta siempre por pensar mal, la sabiduría popular lleva años advirtiendo de que es mejor prevenir que curar.

— No preguntes, reflexiona: No existe nada más apetecible en el turno de preguntas de una rueda de prensa, una conferencia o un coloquio que escuchar una perorata inconexa y larga. Lo mejor es avisar con antelación. Pedir la palabra y empezar con un «lo mío más que una pregunta es una reflexión». Escuchar esa frase es música para nuestros oídos. Oh, por favor, divaga, enlaza una subordinada tras otra, haznos creer que la frase ya termina, pero que no lo haga, salta de un tema a otro, improvisa un monólogo que roce lo dadá, que se haga de noche, que amanezca de nuevo al son de tu reflexión.

— No pidas perdón o admitas un error: Es difícil de comprender, pero no siempre se puede tener razón.

Ni siquiera tú. Mantente firme en tus errores, aunque sean claros y evidentes, incluso sonrojantes. Si hiciera falta disculparse, por aquello de guardar las formas, usa el pretérito de subjuntivo o el condicional, como un *community manager* intentando resolver una crisis reputacional un domingo por la tarde. Un «si en algo me hubiera equivocado, lo lamento», será más que suficiente.

Hasta aquí nuestra contribución a la causa enemiga. Volvamos a lo nuestro.

En 2015, la escritora, historiadora y activista Rebecca Solnit publicó un conjunto de ensayos sobre la desigualdad entre mujeres y hombres en un libro titulado *Los hombres me explican cosas*[2]. Aquellos escritos, que se asomaban al acoso sexual, a la cultura de la violación y a la credibilidad de las mujeres, empezaban con un primer texto autobiográfico que describía perfectamente la petulancia y la soberbia de los hombres que nos explican cosas. Situémonos. Una noche de verano, ya con cuarenta y tantos años, Solnit y una amiga acudieron a una fiesta en una cabaña en la cima de Aspen. Cuando se disponían a marchar, el anfitrión insistió en que se quedaran un rato más, las hizo sentar alrededor de una mesa y dirigiéndose a Solnit, le preguntó: «¿Así que...? He oído que has escrito un par de libros».

Por aquel entonces, Solnit había publicado ya media docena. Ella empezó a hablarle del último, un libro que estaba teniendo mucho éxito, y al citar la temática, el hombre la interrumpió para preguntarle si había leído el libro «realmente importante» sobre ese tema que se había publicado ese año. Por supuesto, ese libro del que hablaba de oídas era el de Solnit.

Sí, ese es, sin lugar a duda, el hombre al que llevaríamos para hacer una charla TED sobre el *mansplaining*.

Sigamos. Lo curioso —no, no lo es, todas nos hemos sentido así, todas hemos sido Rebecca Solnit ninguneada por un señor que no sabe quiénes somos, pero que está predispuesto a dejarnos claro que seguro que bien poca cosa— es que la escritora, tan inmersa en ese papel de niña de siete años que la habían asignado, estaba dispuesta a aceptar la posibilidad de que ese año se hubiera publicado un libro sobre exactamente el mismo tema y no tuviera constancia de ello. Fue su amiga la que salió al rescate, la que intervino para decir que el libro del que hablaba era el de la mujer que tenía enfrente, pero tuvo que repetirlo tres o cuatro veces antes de que nuestro candidato a torpe del mes —del año, del siglo, del milenio— se pusiera lívido, enmudeciera... para, unos segundos después, volver a pontificar.

Nunca defraudan.

Escribe Solnit que, aunque, por supuesto, hay personas de ambos géneros dispuestas a pontificar sobre cualquier trivialidad y en cualquier momento, «la total confianza en sí mismos que tienen para polemizar los totalmente ignorantes está, según mi experiencia, sesgada por el género. Los hombres me explican cosas, a mí y a otras mujeres, independientemente de que sepan o no de qué están hablando. Algunos hombres. Todas las mujeres saben de qué les estoy hablando. Es la arrogancia lo que lo hace difícil, en ocasiones, para cualquier mujer en cualquier campo; es la que mantiene a las mujeres alejadas de expresar lo que piensan y de ser escuchadas cuando se atreven a hacerlo; la que sumerge en el silencio a las mujeres jóvenes indicándoles, de la misma manera que lo hace el acoso callejero, que este no es su mundo. Es la que nos educa en la inseguridad y en la autolimitación de la misma manera que ejercita el infundado exceso de confianza en los hombres».

¿Cómo será sentirse con el derecho de interrumpir y teorizar sobre todos los temas del mundo? ¿Cómo será ser tan petulante y arrogante como para levantar la voz y soltar cualquier tontería, cualquier obviedad, cualquier *cuñadez*, sin sentirse ni tan siquiera un poco cohibido, acomplejado, avergonzado? ¿De dónde sacan esa confianza en sí mismos? ¿En qué categoría de Amazon se compra este tipo de amor propio con obesidad mórbida? ¿En «ofertas relámpago»? ¿En «outlet»? ¿En «salud y cuidado personal»?

Nuestra capacidad para dudar de nosotras mismas ante un señor que nos da la tabarra es infinita. Quién no ha llegado a pensar que estaba equivocada en algo que sabía —el título de un libro, el año de un acontecimiento histórico, la ciudad que fue sede olímpica en 1988— después de que un *mansplainer* extendiera sus alas. Nuestro conocimiento y experiencia no nos vacunan contra el virus del *saberlotodismo* de algunos hombres. Al fin y al cabo, como escribe Solnit, ella misma estuvo más que dispuesta a dejar que «el señor Muy Importante y su altiva confianza en sí mismo» derribaran sus más precarias certezas. Es difícil no sucumbir al aplomo de un *mansplainer*. Blindar nuestras certezas a la viscosidad de la duda exige entrenamiento. Y aun así.

Y no se trata, como apunta también Solnit, de que nos expliquen cosas que saben y por las que tenemos interés. El problema es que nos expliquen cosas que no saben y nosotras sí.

Quizá recordáis el caso de Elisabetta Piqué. Ella es corresponsal en Italia del periódico argentino *La Nación* con una dilatada trayectoria como corresponsal de guerra en Afganistán, Irak, Libia, Egipto y Oriente Medio. Tras el inicio de la guerra en Ucrania, en febrero de 2022, entró en directo, desde Kiev, en un programa de un canal de la televisión argentina. En plena conexión empezaron a sonar las sirenas antiaéreas, lo que desencadenó en el presentador un ataque súbito de *mansplaining* agudo, pues consideró necesario aleccionar a la periodista sobre cómo protegerse en una guerra: «búscate un estacionamiento subterráneo, Elisabetta, vuelve al hotel y aléjate de las ventanas», empezó a repetir a 12.800 kilómetros de Kiev, vestido de traje y corbata, y ante el estupor de la corresponsal, que acabó despidiéndose para buscar refugio, y a la que acto seguido, cuando creía que ya habían cortado la conexión, se le escapó un «¿Quién es este pelotudo?».

Pelotudos del mundo, haced el favor de callar.

Al *mansplaining* lo radiografía con mucha ironía la estadounidense Nicole Tersigni, una escritora de comedia especializada en la defensa de la mujer, en su cuenta de Instagram[3]. A través de obras de arte del siglo XVII, Tersigni crea memes que retratan a los hombres que nos explican cosas. Es, además, autora del libro *Men to Avoid in Art and Life*[4] («Hombres que evitar en el arte y en la vida») que recoge estas imágenes caricaturescas. En ellas aparecen hombres interrumpiendo una conversación entre dos mujeres porque quieren dar su opinión sobre la ropa interior menstrual, otros que dan lecciones no pedidas, los que no aceptan un no, aquellos que, indignados y ofendidos, piden explicaciones, pero no las escuchan, o los que preguntan, exasperados, cuándo se celebra el «día de los hombres» cada 8 de marzo.

Todo empezó por culpa de Twitter, uno de los hábitats naturales en los que proliferan los *mansplainers*. Una noche de mayo de 2019, Tersigni se encontró con uno de los tantos casos de hombres que explican a las mujeres sus propios tuits. Le había sucedido a ella tantas veces, que se hartó. Empezó entonces un hilo con un primer meme: sobre la obra *Cristo y la mujer adúltera*, pintada por Jobst Harrich, en la que aparece un grupo de hombres rodeando a una mujer que sujeta su pecho por encima del escote del vestido, Tersigni escribió: «Quizá, si me saco una teta, ellos dejarán de explicarme mi propio chiste». El tuit acumula miles de *likes*.

Puede que sin el humor hubiéramos enloquecido hace siglos. Todas sabemos que el humor no arregla nada, pero reírnos de nuestras miserias las hace más llevaderas. Ojalá exista un infierno especial para los que nos hacen explicar los chistes, para los que nos traducen nuestras bromas, para los que buscan la literalidad en cada uno de nuestros chascarrillos. No hay nada que merme con más eficacia la alegría de vivir que tener que explicar una ironía.

Recibir lecciones que no hemos pedido, que nos impartan clases magistrales en una barra de bar y tragar sorbitos de condescendencia a la hora del té es algo con lo que convivimos a diario. Pero el *mansplaining* es especialmente irritante en temas que nos conciernen a nosotras. Hay pocas cosas más insolentes que un hombre explicándonos los dolores de regla o de parto. Me cuesta comprender por qué es tan difícil hacer entender a un hombre que no es ginecólogo ni obstetra que si nunca ha tenido dolor de ovarios hará bien en callar. Quiero para mí la osadía de su ignorancia.

En la España de mayo de 2022, hordas de hombres osados decidieron pontificar sobre la menstruación. Fue a raíz del llamado «permiso menstrual», una medida incluida en la nueva ley sobre el aborto que prevé el derecho a la incapacidad temporal por cuadros médicos que se deriven de reglas incapacitantes. Unas bajas laborales asumidas por el Estado que exigen un diagnóstico ginecológico previo de dismenorrea (así se llama el dolor intenso uterino en la menstruación).

Los hombres nos explicaron muchas cosas mientras duró la polémica: que esa medida iba a discriminarnos, que a ver quién iba a contratarnos ahora si además de la manía de querer ser madres añadíamos la desfachatez de tener reglas dolorosas. Nos llamaron flojas. Vaticinaron que haríamos trampas para poder faltar al trabajo. Pusieron en duda lo incapacitante que puede ser la menstruación. Jugaron la carta de la ejemplaridad, aquellos hombres indignados nos hablaron de sus abuelas, seres casi mitológicos que acumularon penurias (guerras, hambruna, pobreza, decenas de partos, matrimonios desdichados) y que nunca, jamás, fueron ni una milésima parte de lo pusilánimes que somos ahora. Por último, hubo los que hicieron pucheros, y se preguntaron, indignados, qué se les daría a ellos a cambio, qué privilegio les correspondía a los que no sangran cada veintiocho días, como si no ir a trabajar por un dolor incapacitante de menstruación fueran unas vacaciones pagadas en el Caribe.

A un *mansplainer* se lo distingue del resto porque se enfada enseguida. Cuando les haces notar que están hablando de algo que no tienen ni idea, se sienten ultrajados y se preguntan, furibundos, si ahora no van a poder opinar de nada. Y ahí está el *quid* de la cuestión: no se trata de no poder opinar, se trata de no dar lecciones.

Es muy de *señoro* decirnos lo que nos tiene que importar o lo que no. Dimensionar y poner nombre a nuestros problemas. Empequeñecer aquello que nos concierne, llamarnos exageradas, pesadas, entornar los ojos cada vez que mencionamos ciertos temas, es una forma poco sutil de querer enmudecernos. Calladitas siempre hemos estado más guapas. Calladitas y conformes.

Si no callamos por las buenas, siempre está la opción de ridiculizarnos. Lo contaba muy bien Elvira Lindo en *30 maneras de quitarse el sombrero*[5]: «Hay muchas maneras de hacer que una mujer se calle. Una es la directa: "cállate". Está la muy habitual de no cederle la palabra. O cedérsela pero no escucharla. La más ruin de todas: ridiculizarla hasta conseguir que se amedrente. Hay ocasiones en las que para callar a una mujer se busca la complicidad del marido: "por favor, cállela usted". Se diría que son prácticas anacrónicas, pero no. Basta con escuchar a Trump: "¿Cómo una mujer (Hillary Clinton) que no ha sabido satisfacer a su marido va a ser capaz de satisfacer a un país?"».

Volviendo a Solnit: ella cuenta que, cuando en una sobremesa en 2008 empezó a bromear acerca de escribir un ensayo titulado *Los hombres me explican cosas*, la anfitriona de aquella cena, la activista Marina Sitrin, le insistió que debía escribirlo, sobre todo, para las mujeres jóvenes. Las jóvenes, le dijo, necesitan saber que ser minusvaloradas no era algo que fuese resultado de sus propios defectos secretos, sino que era algo que venía de las viejas guerras de género. Y que aquello nos había sucedido a la mayor parte de las que somos mujeres en algún momento u otro de nuestras vidas.

Tomar conciencia de que aquello que nos pasa no es algo individual, sino que nos sucede y nos ha sucedido a todas, que es un problema colectivo, es esencial.

Sí, nos ha pasado a todas. Nos sigue ocurriendo en reuniones de trabajo, en las redes sociales, en sobremesas con amigos. Porque hay dos cosas impepinables en esta vida: que cada mañana sale el sol y que siempre habrá un hombre dispuesto a explicarnos cosas.

8

SOSPECHOSAS HABITUALES

Lo ha dicho en numerosas entrevistas la periodista Rosa María Calaf: a las mujeres la capacidad no se nos presupone. Tenemos que estar constantemente demostrando que podemos hacerlo. El caso de otra periodista, Sara Rincón, que cubrió para La Sexta la invasión de Ucrania a principios del conflicto, ilustra bien el problema que tenemos las mujeres con la credibilidad. Durante su trabajo como enviada especial, la tacharon de mala profesional por todos los motivos posibles: por joven (es veinteañera), por dedicar tiempo a pintarse los labios en medio de una guerra y por «feminazi». Cuando Rincón se hartó, publicó un hilo en Twitter en el que escribió que las mujeres cubren guerras por méritos propios, como cualquier periodista hombre. Ni la juventud ni los morros rojos se incluyen en el currículum.

Las mujeres nos pasamos la vida teniendo que explicar obviedades, es como si cada mañana volviéramos al mismo punto de salida, como en aquella película de Bill Murray. Estamos permanentemente instaladas en un día de la marmota del que ninguna historia de amor con final feliz nos redimirá. *I got you babe.*

Vivimos bajo sospecha. En una lista de motivos que

podrían justificar nuestros logros, la valía, la inteligencia o la preparación irán, indefectiblemente, al final del todo. Un despacho, una oportunidad laboral o una mejora salarial levantan automáticamente cejas ajenas, provocan onomatopeyas.

Ante cualquier hito en nuestra carrera profesional, se abrirá uno de estos dos interrogantes: el del cómo (*lo hemos logrado*) o el del por qué (*nosotras*).

Los partidarios de enarbolar la duda del *cómo* parten de la base de que, en nuestros logros, tiene que haber una trampa, un secreto, una explicación truculenta. Se preguntarán de quién somos hijas, a quién hemos peloteado, de quiénes somos amigas, con quién estamos casadas, cuántos centímetros le faltan a nuestra falda, cuánto enseña nuestro escote o con quién hemos compartido cama.

Los que prefieren optar por el *por qué* fingen preocuparse por nosotras o por el futuro de la empresa, uno de los dos no se ha parado a pensar bien en las consecuencias de elegirnos, pero no os preocupéis, amigas, que ellos lo harán por nosotras: se preguntarán, alarmados, por nuestra poca preparación, nuestros escasos méritos, nuestra excesiva juventud... Vaticinarán que no tardaremos en pifiarla y que darnos a nosotras esa responsabilidad es una imprudencia.

No hay nada que pueda frenar ni a unos ni a otros. Podríamos llevar nuestro currículum colgado en la pechera, o en la cartera, como aquellos que antiguamente guardaban fotos carné de sus hijos para mostrarlas a la menor ocasión, pero tampoco nos garantizaría gran cosa. Ajá, sí, bueno, ya veo, dos carreras, un máster, tres idiomas, un doctorado cum laude, sí, sí, impresionante, pero, dime, ¿cómo lo conseguiste?, ¿qué ha pasado?, ¿de dónde sales?, ¿dónde está el truco?

Siempre hay un *pero* bajo la manga. Una pega. Un ceño fruncido. Un dedo con ganas de señalar. Una mirada dispuesta a juzgar.

En la lista de «contras» de la periodista Sara Rincón estaba la juventud. Ser joven acostumbra a jugar a la contra en una mujer en el ámbito laboral. Lo que en un hombre es meritorio y se celebra como prueba de su talento (¡y tan joven!), en una mujer hace saltar todas las alarmas, porque es un síntoma inequívoco de inmadurez y poca preparación (¡pero es que es muy joven!).

La periodista y cineasta Nora Ephron —guionista y directora de *Cuando Harry encontró a Sally* o *Tienes un email*— contaba en *No me acuerdo de nada*[1], su último libro publicado antes de morir, lo distinto que era empezar en el periodismo si eras una mujer en el Nueva York de principios de los años sesenta. «En *Newsweek* no había chicos encargados del correo: solo chicas. Si tenías un título universitario (como yo) y habías trabajado en el periódico de la universidad (como yo) y eras chica (como yo) te contrataban para ocuparte del correo. Si eras un chico (no como yo) con exactamente la misma cualificación, te contrataban como reportero y te enviaban a una delegación en alguna parte de Estados Unidos. Esto era injusto, pero estábamos en 1962 y las cosas funcionaban así», escribió. En aquel momento ella tenía 21 años.

Ephron rememoraba otros ejemplos que nos dan una idea de cómo andaban las cosas en aquella redacción y, por ende, en el periodismo de la época. Como la vez que se publicó un artículo con un nombre mal escrito. La culpa no recayó ni en el autor, ni en los editores, ni en los correctores que editaron el texto (todos hombres), sino en las dos documentalistas (las únicas mujeres de la lista) que lo verificaron. Añadía: «Ahora, con perspectiva, veo con cuánta inteligencia se había institucionalizado el sexismo en *Newsweek*. Por cada hombre, una mujer inferior. Por cada reacción, una machaca. Por cada rimbombante inventor de un detalle irrelevante-pero-desconocido, una esclava encargada de verificarlo e incluirlo. Por cada ejecutivo que cometía un error, una subrayadora a la que echar la culpa».

Ay, la juventud. Seguro que a vosotras también os han confundido alguna vez con la becaria, la aprendiz o la chica de los cafés (si alguna vez conocéis a una becaria con tiempo para ir a buscar cafés, hacédmelo saber: quiero entrevistarla). A mí me pasaba a los veinte e incluso habiendo cumplido los treinta con algunos invitados a los que iba a recibir a la puerta de la radio, y quienes, a pesar de haber preparado yo su entrevista, me tomaban como la muchacha que, en su idea de cómo funciona una redacción (¡criaturitas!), se encargaba de recibir a los invitados (si alguna vez encontráis una redacción que cuente con una persona que se dedica exclusivamente a ir a recoger invitados, hacédmelo saber: quiero pedirles trabajo). Si eran muy estirados, no hacían ni el esfuerzo de saludarme, ni siquiera con un desganado apretón de manos de extremidad floja. Para qué. Hay que guardar la simpatía y las formas para la gente importante.

Por lo visto, para muchos, ser joven, o parecerlo, está reñido con la inteligencia o con ser una buena profesional. La condescendencia hacia las mujeres jóvenes es de traca. Todos aquellos *niña, chata, guapa, jovencita, muchacha*, o el *eh, tú*. Hay un prototipo de señor que se cree con la potestad de empequeñecer a las chicas jóvenes tratándolas como niñas o adolescentes. Si una mujer ya de por sí sabe menos, piensan, ¿qué se puede esperar de una chavala? Las tratan como crías y dudan, por norma, de lo que saben. Da igual que escriban libros, sean ingenieras, expertas en arte, historiadoras o deportistas de alto nivel. Cualquier disciplina es menos meritoria, ejemplar o respetable si la domina o practica una mujer. Cuanto más joven, peor. Pero vamos a ver, *niñata*, qué sabrás tú.

Cada cierto tiempo, una médico cuenta en las redes que algún paciente duda de su criterio por el hecho de ser mujer y joven. Que no confían en sus conocimientos. Y que piden por el médico, por el superior, por alguien que *sepa de verdad*. Clàudia Codina, una médico residente de medicina interna, escribía en Twitter en marzo de 2022[2]: «Os juro que no sabéis lo que duele que los pacientes te pongan en duda continuamente por ser médico mujer cuando estás aprendiendo a llevar una planta de hospitalización. Hay días y días, pero hoy un "¿Cuándo vendrá el doctor?" más y lo dejo».

Siempre cuestionadas, no contamos con el beneplácito de la duda hasta pasados los 40. Entonces sí. Entonces quizás. Entonces tal vez se nos puede dar la oportunidad y no lo estropeemos todos. O no. Con nosotras nunca se sabe.

Las mujeres con cargos de responsabilidad en España siguen siendo una minoría aplastante si lo comparamos con los hombres. De brecha salarial hablaremos en el próximo capítulo, pero adelantemos aquí un dato[3]: en el año 2020, el 75,1 % de las mujeres ocupadas eran empleadas (con jefes y sin subordinados) y el 8 % ocupadas sin jefes ni subordinados. En cuanto a puestos de responsabilidad: el 6,5 % de las mujeres eran mandos intermedios, un 4,9 % encargadas, jefas de taller o de oficina, capataz o similares, un 4,4 % directoras de pequeña empresa, departamento o sucursal. Solo un 0'4 % eran directoras de empresa grande o media.

Más datos. Estos de 2021[4], cuando el porcentaje de mujeres en el conjunto de Consejos de Administración de las empresas que forman parte del Ibex-35 fue del 30,7 %. Nueve años antes, en 2012, era del 11,7 %. En cuanto al cargo, la presencia de mujeres en la presidencia de empresas es, y cito al INE, «casi anecdótica». No llega al 6 %. El porcentaje de mujeres como consejeras se ha duplicado desde 2012.

Las mujeres con altos cargos suelen ser la anécdota, la anomalía. La portada del suplemento dominical, o de la revista «femenina». Lo habitual no es noticia. ¿Recordáis algún hombre que sea portada por llegar a presidir una gran empresa? Lo será si tiene veinte años, cuatro tatuajes y un aro en la nariz. El titular será «El directivo rebelde» o «Mañanas de CEO, tardes de surfeo» —quiero leer ese artículo, por cierto—, no «El primer hombre en blablablá». El mundo será un poco mejor cuando no ocupemos titulares por ser las primeras en algo.

Lo decía la periodista Eva Orúe, la primera mujer en dirigir la Feria del Libro de Madrid, después de 81 ediciones, cuando la entrevistamos en el programa *La Ventana* de la Cadena SER en 2022[5]: «Soy la primera, espero que esto tenga la importancia justa. Estoy contenta de ser la primera, espero no ser la última».

Es cansado tener que seguir protagonizando primeras veces, como si fuésemos un bebé logrando hitos: los primeros pasos, la primera palabra, el primer puré.

Nos construimos, también, a través de la mirada del otro: de lo que se espera de nosotras, de la confianza que se nos deposita, de cómo se nos juzga. Es complicado mantenerse inmune a la sospecha, que no acabe salpicándote y termines dudando de ti misma. No siempre se puede. Si has tenido un mal profesor de niña o un mal jefe en tu vida profesional, lo entenderás a la perfección: si creen que eres idiota, si te tratan y te hacen sentir como tal, es difícil no acabar creyendo que, efectivamente, eres un cero a la izquierda.

Nuestra valía siempre ha dado para muchas chanzas. Cuenta la investigadora, *podcaster* y experta en copla Lidia García en *¡Ay, campaneras!*[6], el caso de una fantasía lírica estrenada en Madrid a finales de 1908, titulada *¡Si las mujeres mandasen…!* y que, bebiendo de la larga tradición del tópico literario del mundo al revés, planteaba la posibilidad de un gobierno femenino. La obra comenzaba en un taller de planchadoras muy empoderadas que se venían abajo en cuanto el único hombre de la fábrica bromeaba con que había visto una rata y todas corrían a subirse a mesas y sillas.

Moraleja: almas de cántaro, que vais a querer mandar, si os da miedo un roedor. Ea, ea, a lo vuestro.

Explica García también que pocos años antes, en 1904, habían estrenado *Congreso feminista*, una fantasía cómico-lírica en la que un señor millonario organizaba en su palacio un congreso de mujeres e invitaba a las más ilustres: médicas, futbolistas, abogadas (todas guapísimas, por cierto). El gran momento cómico era cuando un fotógrafo enseñaba al resto de los asistentes del evento la imagen de un hombre y preguntaba si conocían aquella cara. El *hombre* resultaba ser la escritora Emilia Pardo Bazán. Advierte García que el congreso feminista en cuestión no empezaba nunca. Bueno, daba comienzo cuando la obra acababa.

Una mujer mandando, una mujer capaz, una mujer ilustre... vamos, de chiste.

Otra de las triquiñuelas favoritas del patriarcado es que sospechemos las unas de las otras. Hay todo un imaginario machista que se relame con aquello de que las mujeres no nos soportamos entre nosotras, que nadie critica con más crudeza a una mujer que otra mujer, o que no hay peor jefa —en cuanto a falta de empatía y nivel de exigencia— que una mujer.

Como no somos de fiar, nos hacemos perrerías, incluso, y sobre todo, entre nosotras: trepar, chismorrear, envidiar, robar maridos, mentir, ir de víctimas, fastidiar la vida a otros por el puro placer del sufrimiento ajeno. Siempre atentas al error de otra, siempre a punto para hacer leña del árbol caído. Siempre tan brujas, tan harpías y tan perras.

Nos han enseñado a desconfiar de las otras. Que las mujeres somos seres traicioneros y egoístas. Una amenaza con patas.

La psicología no respalda que exista la rivalidad femenina[7]. Según un estudio elaborado por la Asociación Estadounidense de Psicología —recogido en un artículo publicado por el diario *El País* en 2019— no existen apenas diferencias en cuanto a sexo en términos de personalidad, capacidad cognitiva y liderazgo. La biología no nos predispone a ser rivales entre nosotras, ni a criticarnos ni a mirarnos con lupa. No tenemos ningún gen envidioso que nos haga poner la zancadilla a nuestra compañera de trabajo. Pero es un mito muy rentable. Sin la sororidad es más fácil tenernos conformes y dóciles. La ficción se ha alimentado de ella. *Let the river run.*

Cuando hablamos de estar bajo sospecha al final estamos hablando de algo muy serio que es nuestra credibilidad en todos los ámbitos de nuestra vida. A nosotras se nos ha puesto sistemáticamente en duda.

Vuelvo a Rebecca Solnit y a su *Los hombres me explican cosas*. Ella bautiza esta falta de credibilidad crónica como «síndrome de Casandra», en honor a la hermana de Helena de Troya, a la que maldicen con el don de la profecía certera y, también, con que nunca nadie la crea. Escribe Solnit: «Es frecuente que cuando una mujer dice algo que pone en cuestión a un hombre, especialmente si es uno poderoso o un hombre convencional (aunque si es negro no suele ser así, a no ser que acabe de ser elegido para el Tribunal Supremo por un presidente republicano); o si sus palabras cuestionan una institución, especialmente si lo que dice tiene que ver con el sexo, la reacción pondrá en duda no solo los hechos aseverados por la mujer, sino también su capacidad de hablar y su derecho a hacerlo. Generaciones de mujeres han escuchado cómo se les repetía que deliran, que están confusas, que son manipuladoras, maliciosas, conspiradoras, congénitamente mentirosas, o todo a la vez».

Solnit cita casos de su país, Estados Unidos, como el de la profesora de derecho Anita Hill, que, en 1991, testificó contra Clarence Thomas en la vista para confirmar su nombramiento como juez de la Corte Suprema. Él había sido su jefe y la acosó sexualmente. Thomas logró su puesto, pero ella fue atacada, recibió burlas y mofas, la pusieron en duda, se escribieron artículos y libros contra ella.

¿Cuántas mujeres *víctimas* han sufrido la falta de credibilidad desde entonces? ¿Compensa el riesgo de padecer el escarnio y de que destrocen tu vida?

Hablar, romper el silencio, denunciar, tienen un precio. Un coste que muchas prefieren no pagar. Recordemos que en España un juez apreció «jolgorio y regocijo», y ningún signo de violencia, en el vídeo de la violación de cinco energúmenos a una chica de dieciocho años.

Y sospecha tras sospecha, duda sobre duda, hemos fabricado la cultura de la violación, es decir, todas aquellas formas que tiene la sociedad para normalizar la violencia contra las mujeres y culpar a la víctima. Algo habrá hecho. A saber qué hizo o qué dejó de hacer. Cómo iba vestida, lo que había bebido, qué sustancias consumió. Lo que dijo, lo que insinuó, cuánto provocó. Analicemos qué aspecto tiene la víctima, cuántas parejas ha tenido, qué dicen de ella las malas lenguas. Observemos su comportamiento posterior. Si sigue con su vida, si es feliz, si sale de fiesta. La víctima tiene que demostrarlo y, si lo es, vivir como tal el resto de su vida. Ni rehacer su vida, ni ponerse minifalda, ni salir nunca más de fiesta.

Cada vez que nos llaman exageradas, nos ponen en duda. Cuando dudan abiertamente de nuestra valía, nos ponen en duda. Cuando nos tratan como niñas pequeñas, nos ponen en duda.

Una duda que arrasa con todo. Que es tóxica y corrosiva. Veneno puro. Porque somos sospechosas, pero son otros los que dan miedo.

9

AY, MAMÁ

Escribo en una habitación a la que una mesa, un flexo, un ordenador y una silla de oficina convirtieron en *el despacho*. Un nombre grandilocuente y optimista para un cuarto en el que se plancha, se juega (cada vez menos) y que en su día fue la habitación del bebé. Tecleo rodeada de muñecos, *playmobils* y juegos de mesa que, más pronto que tarde, tendré que donar o llevar al punto limpio.

Tener despacho propio —poner el *check* a una de las premisas de Virginia Woolf para ser una mujer que escribe—, me costó una visita a Ikea. Mis hijos desayunaron tortitas y mermelada, y abrieron todos los cajones de los simulacros de casas de veinticinco metros cuadrados, lo que no me pareció mal como contraprestación a pasar la mañana de un sábado en una nave industrial.

Alice Munro aprovechaba el rato de la siesta de sus hijas para escribir en el cuarto de la plancha[1]. Toni Morrison escribía, también, cuando sus niños dormían. Lucia Berlin aporreaba la máquina de escribir mientras sus hijos daban vueltas por la casa —un local alquilado encima de una fábrica en la que ahumaban jamón— montados en sus triciclos. En una de sus muchas cartas (escribía una cantidad asombrosa de cartas) decía: «¡No tengo nada que contar! Me paso el día lavando ropa»[2].

Este *método* de escritura (y supervivencia) sigue vigente hoy en día en las autoras que son madres. La escritora y dramaturga Silvia Nanclares me contó que se levanta a horas intempestivas para escribir y poder esquivar a sus críos. La periodista Begoña Gómez Urzaiz confiesa, en *Las abandonadoras*[3], el poco éxito de sus madrugones: «Ocho de cada diez mañanas, apenas me había bebido un café y encendido el ordenador, oía unos pasitos por el pasillo aún oscuro y se revelaba después la cabeza llena de pelo de mi hijo pequeño, en cuyos planes no entraban volver a dormir». A la porra la escritura.

El *behind the scenes* de la historia de la literatura de las mujeres que han publicado siendo madres de niños pequeños incluye madrugones, privación de sueño, trabajar en vacaciones y flexibilizar las normas. No sé cuántas de nosotras hubiéramos podido escribir sin decir que sí a otro capítulo de LadyBug. Pero no es necesario que nadie nos haga sentir mal por ello, vamos bien servidas de culpa, gracias.

La culpabilidad viene de serie con la maternidad, junto a las renuncias y el estrés. Digan lo que digan las madres modélicas de Instagram, es imposible llegar a todo con un trabajo a jornada completa, sin niñeras o abuelos cerca, sin una cuenta bancaria a prueba de imprevistos. Meterse en esta movida, la de tener niños, es de locas. No se sale indemne.

Cuando nació mi primera hija quise llegar a todo. Yo no sería como *las demás*, me decía. Volvería cuanto antes al trabajo —dieciséis semanas me parecían una eternidad, que entren ahora las risas enlatadas—, no hablaría a la hora del café del color y la consistencia de sus cacas, no me cortaría el pelo a la altura de la nuca. Qué bofetón con la mano abierta me dio la realidad, amigas.

Mi primera decisión fue concentrar la jornada laboral para poder trabajar ocho horas y recoger a mi hija —entonces un bebé de siete meses— de la escuela infantil a las cuatro de la tarde, llevarla al parque, jugar en casa, bañarla, contarle el cuento, darle la cena, acostarla. Nunca había sido más productiva que tras ser madre. No me levantaba de la silla. Durante cuarenta horas semanales era un ser asocial. Cuando tuvimos al pequeño, ya con otro turno laboral, corría literalmente por la calle para llegar antes de que cerrara la escuela. El diseño de los horarios era tan ajustado que una avería en el metro, o cualquier problema de última hora en el trabajo, lo ponía todo en jaque. Me acostumbré a las palpitaciones, a los sudores fríos, a andar al trote. A veces intento pensar en qué pasó durante aquellos años y no soy capaz de recordar mucho más allá de cuidar, dar la teta y trabajar. Vivía instalada en el estrés: leía libros de madrugada para escribir los guiones del día siguiente, dormía poco, arrastraba mi cuerpo cansado por Madrid, hacía listas, muchas listas, en las que comprar suero fisiológico y pedir hora para las vacunas compartían espacio con cerrar la entrevista del lunes y grabar un reportaje. Habitaba una rueda infernal de obligaciones y cuidados que parecía no tener fin.

Las reuniones de padres, los festivales escolares, los cumpleaños de amiguitos entre semana, u, horror, una enfermedad infantil, añadían una altura más a la cuerda floja. Mis hijos fueron los clásicos bebés que se ponían malos cada tres semanas. Fiebre, tos, dolor de garganta. Tres días en casa. Nunca enfermaban en fin de semana. A veces los notaba calientes antes de ir a dormir y empezaba entonces la pesadilla de buscar canguro de urgencia. Llegué a tener dos en un mismo día para no tener que faltar al trabajo. A diez euros la hora. Una enfermedad nimia nos dejaba en pañales.

Conseguí estar en todo lo importante, y, sin embargo, la culpa está ahí, latiendo en algún lugar dentro de mí, fiel y terca, junto a la sensación de haberlo podido hacer todo mucho mejor. Fui aquella madre que está, pero no está. La madre que se va antes de que termine la reunión trimestral —admito haber idealizado el ruego de turnos y preguntas, me muero de curiosidad por saber qué pasaba en el último punto del orden del día, ¿acababan las reuniones con un abrazo grupal? —. La que llega la última a la función escolar y se va la primera (foto, beso, qué bien lo has hecho, adiós, te quiero). La ansiosa que siempre mira disimuladamente el reloj. La que no para de removerse en las sillas XS de colorines. La que se contiene para no suspirar cuando algún padre se entretiene en preguntar si el día de la fruta es el lunes, el miércoles o ambos. *Tío*, mandaron una circular al correo, búscala y cállate.

No sé cómo pude, cómo lo hice. Sé el precio que tuve que pagar por intentar llegar a todo. No sería capaz de hacerlo otra vez.

Ser madres en estas condiciones, que son las mías y las de otras tantas mujeres en este país, afecta a nuestras vidas, a nuestras carreras profesionales, a nuestra salud mental.

Las españolas tenemos a nuestro primer hijo, de media, a los 33 años, según los datos del Instituto Nacional de Estadística (INE). La mayoría no repiten, se quedan con un solo hijo. No es por falta de ganas, como explica la periodista especializada en temas de maternidad, Diana Oliver, en *Maternidades precarias*[4]. En nuestro país, las mujeres que no han tenido hijos rozando los 40 años, señalan razones laborales y económicas. Escribe Oliver: «España es uno de los países europeos con mayor brecha entre el número medio de hijos deseados y el número medio de hijos que realmente se tienen». Y añade: «El ritmo social y económico dirige con su batuta cuándo y cómo tenemos hijos. La biografía interrumpida o aplazada, por un lado, la apisonadora de la incertidumbre, por otro, en un escenario cada vez más líquido. ¿Dónde se sitúa aquí la voluntad? El deseo de la maternidad está ahí, pero ese deseo se ha problematizado».

Si finalmente, pese a todo, decidimos que aquí hemos venido a jugar y elegimos tenerlos, empieza la yincana.

En España la baja de maternidad por un hijo es de dieciséis semanas. La de paternidad ha ido aumentando a lo largo de los años, hasta igualarse al de maternidad en 2021. En el Reino Unido el permiso maternal es de 52 semanas (13 de ellas sin retribución), en Italia 20 y en Portugal 120 días consecutivos (unas 30 semanas)[5]. Pero la crianza no termina tras el permiso de maternidad. Es a partir de entonces cuando comienza todo.

Una crianza paritaria no es que los dos progenitores gocen de las mismas semanas de permiso para cuidar al hijo. Tampoco que el padre lo lleve al cole y la madre lo recoja, que uno lo bañe y la otra le dé la cena. Lo más agotador (e ingrato) de la crianza es la carga mental: saber que hay que poner la ropa de deporte a la lavadora el martes para que esté limpia y planchada el jueves, ir a la papelería antes de que cierren a por la cartulina naranja, hacer el *bizum* de cinco euros para el regalo de la tutora, repasar el tema 3 de *natural science*, pasar liendreras antes de cenar porque el chat de padres arde con notificaciones de piojos y emojis con caras de pánico.

Se trata de un trabajo tan necesario como invisible y poco agradecido. No es lo mismo ir al parque con el niño que encargarte de la colada. No es igual de grato ir a los entrenos de fútbol y al partido de los sábados por la mañana, que recorrer el barrio en busca de una escuadra y un cartabón a las ocho de la tarde.

Ser madres afecta nuestra vida laboral. Para empezar porque, si queremos serlo, no podemos aplazarlo demasiado. La edad media en la que una mujer tiene a su primer hijo en España coincide en un momento clave de nuestras carreras. Así, mientras ellos están escalando peldaños y avanzando en sus empleos, nosotras parimos. Volvemos a nuestros puestos de trabajo, pero haciendo malabares. Con un sueldo medio y sin ayuda familiar, quizás habrá que tomar algunas decisiones, tal vez habrá que aparcar algunas cosas.

En 2022 la asociación Yo no renuncio del Club de Malasmadres presentó los datos de una encuesta contestada por más de 56.000 mujeres[6] que señalaba que un 57 % de las españolas han sufrido una pérdida salarial tras ser madres. Las causas: reducciones de jornada, excedencias o abandono del empleo.

Porque sí, muchas, al convertirse en madres, acortan las jornadas, dejan sus puestos de trabajo, congelan sus ambiciones profesionales como si se tratara de un táper de lentejas. Según datos del INE[7], en el caso de las mujeres, a medida que incrementa el número de hijos menores de 12 años, disminuye la tasa de empleo. Así, mientras que para las mujeres de 25 a 49 años sin hijos de esa edad la tasa de empleo en el año 2020 era de 72,1 %, en la misma franja de edad pero con hijos menores de 12, la tasa se reduce a 67,2 %. La tasa se va reduciendo según el número de hijos. En el caso de mujeres con tres o más, el valor de la tasa no llega al 50 %.

Además, a tenor de la información de la EPA sobre conciliación entre la vida familiar y laboral del año 2018, de los más de 17 millones de españoles de 18 a 64 años con algún hijo propio o de la pareja, el 28,1 % abandonaron su trabajo en algún momento por cuidado de hijos.

Los horarios laborales pueden poner muy difícil la crianza de los hijos. Mi hija mayor fue a una escuela infantil que abría a las siete y media de la mañana y cerraba a las nueve de la noche. La escuela no tenía patio ni excesiva luz natural (no era Guantánamo, no, simplemente un centro infantil privado ubicado, como tantos en Madrid, en los bajos de un edificio de viviendas). En la entrada de la guardería había un pequeño parque de bolas que se veía desde la calle. Era descorazonador pasar en invierno a la vuelta de hacer la compra y ver a esos niños jugueteando entre bolas de colores más allá de las siete de la tarde. Todo eso era, es, legal. No había ningún *inspector de la crianza* vigilando que ningún menor de tres años pasara más de diez horas encerrado en una guardería.

A veces, si los números no salen, si el sueldo no compensa lo que vale la guardería ni no verles el pelo a nuestros hijos entre semana, no queda otra que claudicar.

Lo explicaba así la escritora Rachel Cusk en *Despojos*[8], el libro que escribió tras su divorcio y en el que reflexiona sobre el matrimonio y la separación: «Unas cuantas de estas amigas que son madres trabajadoras se han tomado alguna vez un permiso para quedarse en casa, normalmente en los primeros años de maternidad. Como delincuentes en busca y captura finalmente reducidos, se rinden con las manos en alto: sí, todo ha sido demasiado, demasiado inmanejable; el correr de un lado a otro, la culpa, la presión laboral, la presión en casa, la pregunta de por qué, para empezar, has hecho el esfuerzo de tener hijos si nunca ibas a verlos. Entonces deciden quedarse en casa uno o dos años para equilibrar un poco la balanza, como la masa del bizcocho que, según la receta, tienes que repartir en dos moldes, aunque siempre parece que hay más en uno que en otro. Sus maridos también trabajan, viven en la misma casa y han tenido los mismos hijos, pero no dan muestras de tener el conflicto en la misma medida. De hecho, a veces parece que se les da mucho mejor trabajar y ser padres que a las mujeres: ¡insufrible superioridad masculina!».

Otro estudio, en este caso del Banco de España, publicado en 2020 bajo el título «La penalización por hijo en España» mostraba que los ingresos laborales de las mujeres caen un 11 % durante el primer año tras ser madres por primera vez, cuando los de los hombres apenas se ven afectados al tener hijos. El impacto de la maternidad se alarga hasta diez años después del nacimiento con pérdidas de hasta el

28 % del salario. El estudio identificaba los factores que contribuyen a esa brecha, entre ellos cambios de empleos a tiempo parcial o con contrato temporal.

Sí, la brecha salarial se suma a la fiesta. La economista experta en el impacto social de la tecnología, Lucía Velasco, escribe en su libro *¿Te va a sustituir un algoritmo? El futuro del trabajo en España*[9]: «El mercado de trabajo funciona mal para las mujeres. Es así. Hay brechas por todos lados. En primer lugar, basta con ver los sueldos. Las mujeres cobramos cerca del 20 % menos. Ganamos de media tres mil euros menos que el hombre por un puesto igual de jornada completa. [...] En segundo lugar, tenemos el doble de probabilidades de ocupar puestos de trabajo mal pagados. En tercer lugar, seguimos infrarrepresentadas en los puestos de dirección porque ocupamos una horquilla que va del 15 al 45 % de estos. En cuarto lugar, hay más en el empleo informal, sin protección prácticamente y con peores condiciones. Además, tenemos más probabilidades de tener un contrato temporal. Hacemos entre dos y cuatro horas de trabajo no remunerado al día. Siempre el doble que los hombres. Como asumimos más trabajo en el hogar, tenemos trabajos de menos horas. En definitiva, el panorama es desolador».

Consultar las tablas del Instituto Nacional de Estadística (INE) sobre los sueldos medios de hombres y mujeres en nuestro país[10] contribuye a esa desolación. Si cogemos las edades en las que la maternidad *afecta* de lleno a nuestras vidas (ya sea por embarazo y parto o por crianza de niños pequeños), es decir, desde los 30 a los 44 años, y vamos al percentil más alto, observamos que, a la misma edad, ellos cobran, como mínimo, 5.000 euros más al año. La diferencia va aumentando en cada rango de edad. Así, a las puertas de la jubilación, de los 60 a los 64 años, los hombres del percentil más alto ganan, de media, casi 12.000 euros más que las mujeres del percentil salarial más elevado.

La precariedad empeora la maternidad. ¿A qué renunciar cuando es imposible renunciar? ¿Qué ocurre si la madre es quien sostiene económicamente a la familia o cuando la unidad familiar no puede salir adelante sin dos sueldos? Tener hijos equivale a un posgrado en malabares. Pero no siempre sale el número... ni los números.

Citaba antes a Diana Oliver. Ella es periodista *freelance*, es decir, autónoma, es decir, una trabajadora por cuenta propia sin vacaciones, sin paro, sin bajas. Escribe en su libro: «Ser *freelance* supone saber que vas a estar fuera de un sistema que no te contempla para ningún tipo de ayuda y que salvaguarda muy pocos derechos. Y los que salvaguarda... en fin. Por ejemplo, pienso con horror cómo en 2016 a las veinticuatro horas de parir a Leo, nuestro segundo hijo, estaba frente al ordenador trabajando como cualquier otro día. Le ponía sobre mi pecho y tecleaba como si no hubiera sentido que me partía en dos unas horas antes cuando su cuerpo salía de mí. Una mano me estruja el estómago cuando recuerdo que Leo nació un jueves y que el domingo estábamos cerrando el número de una revista a las cinco de la madrugada». Diana no podía permitirse parar, porque las obligaciones económicas (el alquiler, sin ir más lejos) no iban a congelarse ni dieciséis semanas ni cuatro.

Últimamente se habla mucho del autocuidado. «Cuídate, dedícate tiempo, no descuides la vida de pareja», nos dicen. «Una madre feliz es un hijo feliz», nos advierten. El autocuidado es uno de esos conceptos que merecen luces de neón, redoble de tambores, una pausa dramática tras ser pronunciado. Suenan bien, pero contadme cómo. Cómo se hace, de dónde sacar el tiempo, el dinero, la energía. No cumplir las expectativas nos llena de una dosis extra de culpabilidad. Algo estaremos haciendo mal si no somos capaces de hacerlo todo a la vez.

Autocuidarse (luces de neón, redoble, pausa) no es tan sencillo. No siempre hay una abuela cantarina a la que en-

chufarle el niño. O preferimos el sofá a cenar fuera porque llegamos al fin de semana con un agotamiento físico con regusto a anemia ferropénica. Ni el tiempo, ni el dinero, ni las ganas se estiran como un chicle.

Es reconfortante lo que escribe Deborah Levy en sus memorias *Cosas que no quiero saber*[11]: «Ahora que nos habíamos convertido en madres todas éramos sombras de lo que fuimos, perseguidas por las mujeres que éramos antes de tener hijos. En realidad, no sabíamos qué hacer con ella, con esa joven fiera, independiente, que nos seguía por ahí, gritando y señalando con el dedo mientras empujábamos los cochecitos infantiles bajo la lluvia inglesa. Intentábamos responderle pero carecíamos del lenguaje para explicar que no éramos mujeres que simplemente hubieran "adquirido" unos hijos: nos habíamos metamorfoseado (cuerpos nuevos y pesados, leche en los pechos, programadas hormonalmente para salir corriendo hacia nuestros bebés cuando rompieran a llorar) en alguien que no terminábamos de entender».

Según el estudio de Malasmadres que citábamos antes, el 65 % de las madres españolas tiene menos de una hora libre al día. El 20 % ni eso.

¿Tú también has sentido que estabas de fin de semana en un spa yendo sola al supermercado un jueves por la tarde? ¿Cuántas conversaciones adultas sin interrupciones tuviste con amigas durante los primeros años de maternidad que no fueran por Whatsapp? ¿Te ha sabido a cupón premiado el que tu hija se durmiera un viernes a las ocho de la tarde? Chúpate esta, *autocuidado* (luces de neón, etcétera).

El rol de madre está lleno de exigencias y juicios externos. Aprobar la asignatura de la maternidad es más difícil que sacarse las oposiciones a notario. Se nos escudriña con lupa. Spoiler: es imposible cumplir con todos los requisitos. Si te centras en la crianza, te acusan de madre abnegada. Si consigues compatibilizar tu vida social con la maternidad, serás mala madre. Si te quejas, mal. Si no te quejas, también mal. Ensimismadas, quejicas, cansinas. O pasotas, ausentes, desnaturalizadas. Hay una ofensa a la medida de todas.

Quedarse embarazada es estrenarse en la fascinante escucha de los consejos no pedidos. Las decisiones que tomamos sobre nuestros cuerpos (durante el embarazo y el parto) y sobre nuestros hijos (lactancia, crianza, educación) se convierten en foros de debate, en asambleas populares. Nadie se toma a una madre en serio. Una madre no tiene, a priori, ni idea de nada. Las mejores madres del mundo son hombres sin hijos.

En *Madres, padres y demás*[12], la escritora Siri Hustvedt recuerda una escena de su vida que ejemplifica de maravilla lo que estamos contando: «Cuando Sophie [su hija] no tenía ni dos años hicimos un viaje. No recuerdo desde qué aeropuerto salíamos ni adónde nos dirigíamos. Sé que estaba agobiada y cansada, y que bajaba por una escalera mecánica con mi hija en su sillita y rodeada de bultos voluminosos. Mi marido estaba un poco atrás. De repente, Sophie se tambaleó hacia delante y en un segundo aterrador vi que no estaba abrochada. La agarré y tiré de ella hacia atrás, y se evitó el desastre. Un hombre de negocios que se deslizaba por mi lado con un pequeño maletín rectangular fue testigo del percance y me lanzó una mirada que nunca he olvidado. Era una mirada de asco, y la vergüenza que sentí fue tan grande que hasta ahora nunca lo había contado. En sus ojos me vi a mí misma: un monstruo de negligencia, la mala madre. Me ha costado años comprender que el hombre de la escalera mecánica era una encarnación de los violentos sentimientos morales de la cultura que van dirigidos a las madres. No hizo ningún ademán para impedir la posible caída de mi hija. No se identificó con mi pánico ni con mi alivio posterior. Era la imagen del juicio puro y duro».

¡Ah, el *juicio puro y duro*! Por favor, dejadme saborear esa superioridad moral alguna vez en la vida. Quiero recordarla en mi lecho de muerte. Abandonar el mundo rememorando esos segundos en los que estuve por encima del bien y el mal.

Yo también he sido víctima del juicio externo con mis hijos. Señores que se paraban en plena calle para contemplar a mi hijo tirado en el suelo durante una rabieta, como si fuéramos un grupo de teatro callejero o un happening setentero. Veinteañeros malhumorados que han mandado callar a gritos a alguno de mis hijos de chupete y pañal en un AVE por parlotear alto, decían, y a los que he deseado una vida feliz y un embarazo gemelar. Tener niños es convivir con caras de fastidio, pánico preventivo, asco, juicios sumarísimos.

Nos falta citar uno de los datos del estudio del que hemos ido hablando a lo largo del capítulo, el de las Malasmadres. Según sus datos, cuatro de cada 10 mujeres se han sentido minusvaloradas en su empleo o en su entorno social tras ser madre. Las madres que respondieron a la encuesta destacaban que la sociedad percibe que la crianza no es un trabajo, sino un estado de plenitud y felicidad.

Yo creo que nos sentiríamos más plenas y felices si nos lo pusieran, entre todos, un poco, un poquito, más fácil. Pero bastará con que no nos lo pongan todavía más difícil.

10

PUTAS, FEAS, GORDAS Y VIEJAS

Todas las mujeres recordamos la primera vez que alguien nos llamó *puta*, pero nunca sabemos cuándo será la última. Yo tenía doce años. Me escoció como un bofetón.

«Puta» es el comodín del público. Vale para todo. Es una palabra tan poderosa que a veces no le hace falta ni ser pronunciada. Una mirada basta. «Puta» puede contener una galería infinita de sentimientos: asco, agresividad, envidia, decepción y desprecio. Siempre desprecio, castigo, ofensa. Todas hemos sido, somos o seremos unas putas.

En 2021 la cantante Zahara publicó su quinto álbum de estudio al que llamó así, *Puta*. Incluyó en él un catálogo de infiernos cotidianos: acoso, maltrato, expectativas, baja autoestima, ansiedad, dependencia… El primer single fue el tema *Merichane*, en el que hacía un repaso de todas las violencias que había sufrido a lo largo de su vida y cuyo título es el mote con el que se referían a ella, de escondidas, sus compañeros de clase. Ella tenía, también, doce años y tardó un tiempo en descubrir que aquella palabra tan rara era un sinónimo de «puta», y que era el mismo que usaban para nombrar a una mujer de su pueblo que ejercía la prostitución, la *puta del pueblo*. En una entrevista para *El País Semanal*[1], Zahara dijo que aquel era un disco *sacacorchos*, pero que, al abrir la botella, en vez de champán, salía mierda. Kilos y kilos de mierda de la que muchas conocemos, qué remedio, el hedor.

Merichane provocó, en el raro invierno de 2021, un efecto confesional en redes. Muchas mujeres contaron sus propios infiernos y le dieron las gracias por aquella canción que sonaba a himno y que nos interpelaba a tantas. Tuvo algo de catártico.

Quizá que nos llamen «puta» es nuestro rito iniciático. Tal vez con el primer «puta» que nos escupen cruzamos definitivamente el umbral y abandonamos la niñez sin posibilidad de vuelta atrás. «Puta» es la canastilla de la edad adulta.

El modo en el que se nos insulta, la artillería que se usa contra nosotras, es reveladora. A las mujeres se nos humilla apelando a nuestros cuerpos y a lo que hacemos con ellos. Somos putas, sí, pero también gordas, feas y viejas. Porque que seamos tontas, o estemos locas, es algo que se presupone, es algo con lo que se cuenta. Pero lo imperdonable es que nuestros cuerpos no se ajusten a lo deseable que, en lo único que se espera de nosotras, que mirarnos sea placentero, fallemos también. Al fin y al cabo nuestro físico (nuestras tetas, nuestros culos, nuestra talla) es lo que nos hace válidas o no. Hay algo peor que ser tonta; ser fea. Hay algo peor que ser fea; estar gorda. Hay algo peor que ser fea y gorda; ser vieja.

A poco que te esfuerces, es fácil desarrollar una relación complicada con tu cuerpo. Basta con ir al cine, ver una serie, o la tele y aguantar con estoicismo sus pausas publicitarias. La publicidad nos vuelve locas. De pronto predica que tenemos que amar a nuestros cuerpos tal y como son, para treinta segundos más tarde ofrecernos barritas hipocalóricas. Los anuncios son más exigentes con nuestro aspecto que con el de ellos. Hay señores calvos, gordos y feos, señores que rebasan los cuarenta y comen fuet a escondidas o reparan coches en talleres. Señores normales con sus tripas y sus entradas. Ellas, en cambio, son atractivas incluso quitando la cal de la bañera o comiendo una hamburguesa de dos pisos.

Existe toda una industria que se articula alrededor de nuestros complejos. Siempre hay algún kilo, alguna arruga, algún pelo o algún tono de esmalte dental dispuesto a avergonzarnos. Maquillaje, productos de adelgazamiento, ceras depilatorias, cremas antiarrugas, operaciones quirúrgicas *low cost* que pueden aumentar nuestro escote, esculpir nuestra nariz, rejuvenecer nuestros párpados, ropa nueva, cambios de look. Nuestra felicidad está en nuestras manos, nos dicen. Quizá con un buen corte de pelo, diez kilos menos, dos tallas más de sujetador y unos dientes más blancos serías un poco más feliz. Puede que, con un vestido nuevo, depilada y sin patas de gallo, la vida se te haría más soportable. Piénsatelo.

Desde niñas nos han enseñado a mirarnos desde la crítica, a poner nota a nuestros cuerpos, a compararnos, a sentir que debemos mejorar. Nuestros cuerpos son casas que precisan reformas. Siempre estamos a medio hacer. Hemos crecido siendo inmisericordes con nuestro físico. Analizándonos en el espejo con el espíritu de un juez olímpico. Buscándonos compulsivamente granos, celulitis, manchas, estrías, grasa sobrante. Qué difícil lidiar con eso, aspirar siempre a la perfección, a que nuestros cuerpos cumplan a rajatabla una lista infinita de requisitos imposibles.

La presión estética empieza a edades muy tempranas. En enero de 2021, Sara Martínez, una profesora catalana, contó, muy preocupada, en un hilo de Twitter[2], que había propuesto en su clase de sexto de primaria que escribieran una lista de propósitos de año nuevo. Todas las niñas, que en aquel momento eran crías de 11 años, incluyeron: «adelgazar». Todas ellas eran consumidoras de redes sociales (Instagram y TikTok) y de Youtube, habían crecido admirando *influencers* con cuerpos normativos, mujeres que acumulaban *likes*, seguidores... y filtros. No compararse con ellas (su delgadez, sus pómulos, su piel perfecta) era prácticamente imposible. La televisión autonómica catalana hizo un reportaje en aquella escuela. Las niñas, que usaban todavía babi de cuadros, explicaron que se veían caderas anchas y tripa, y se preguntaban por qué sus cuerpos no eran tan bonitos y perfectos como el de las chicas a las que seguían en las redes.

La insatisfacción con el propio cuerpo puede derivar en problemas tan serios como los trastornos alimentarios. Según datos de 2020 de la Asociación Contra la Anorexia y la Bulimia de Catalunya, la ACAB, el 34 % de las adolescentes de entre 12 y 19 años han seguido una dieta para adelgazar (también el 22 % de los chicos de la misma franja de edad). Otro dato: la mitad de estos adolescentes acompañó la dieta con conductas de riesgo como vómitos, saltarse comidas o comer menos.

A los 16 años yo tenía una tabla de calorías en mi habitación que había conseguido *gracias* a una revista femenina. Algunas noches me entretenía contando las calorías que había ingerido ese día. El peso y nuestros cuerpos eran una conversación habitual con mis amigas. Nos juzgábamos a nosotras mismas con lupa, aunque éramos benévolas con las demás. Nos pesábamos a diario, ingeniábamos planes para adelgazar y algunas veces nos saltábamos comidas. Ninguna de nosotras, afortunadamente, llegó a desarrollar un trastorno alimentario, pero la idea de esforzarnos para tener un cuerpo más delgado nos seducía de un modo enfermizo. Admirábamos a las modelos de clavículas marcadas y tripas planas. Sentíamos envidia de las compañeras de clase más flacas. Nos despreciábamos cuando sucumbíamos a la tentación de unas galletas maría con nocilla. Nos felicitábamos si conseguíamos no merendar o saltarnos la cena con alguna excusa. Privarnos de comer, perder un kilo, era un motivo de orgullo. La 28 era la talla de vaqueros más grande en la que podíamos permitirnos el lujo de caber. Si tenías que comprarte una talla más, enseguida arrancabas la etiqueta del trasero del pantalón.

Me consume la rabia cuando pienso en nosotras, unas crías a las que el mundo había llenado de perversos complejos. Me aterra pensar en la presión que las redes sociales han añadido a las adolescentes. Cientos de cuerpos perfectos desfilando a golpe de click, quemándoles las retinas y colocando el listón cada vez más alto.

No teníamos redes sociales, pero ser adolescente a mediados de los años noventa te ponía bastante fácil desarrollar una relación tóxica con tu cuerpo. Aquella locura con el cuerpo femenino lo plasma bien la serie documental *Spice Girs: el precio del éxito*, estrenada por la BBC en 2021 y que en España puede verse en Movistar+. La docuserie evoca el nacimiento y auge de aquella *girl band* formada por cinco chicas que encarnaban distintos estereotipos de mujeres jóvenes: la pija, la deportista, la descarada, la pelirroja y la lolita. El grupo se creó vía casting. Las cinco representaban ser una pandilla de amigas deslenguadas y modernas con el ombligo al aire. Eran la versión femenina de los rentables *Take That* o *Backstreet Boys*. Una estrategia comercial que podría resumirse básicamente en música pegadiza, marketing y feromonas.

Las Spice lo petaron. Una de las consecuencias fue que sus cuerpos pasaron a ser un asunto público. Sobre el peso y el aspecto de una de ellas, la pelirroja Geri, se dijeron auténticas barbaridades en prime time. Cuestionaron su peso, su flacidez, su edad. Geri acabó sufriendo bulimia. Las revistas, los programas de tele, analizaban sus cuerpos. No les preguntaban si habían leído a Kafka o si les preocupaba el calentamiento global, pero a Victoria Beckam la subieron en una báscula en directo doce semanas después de parir a su primer hijo.

Las que fuimos niñas y adolescentes durante aquellos años, consumimos y normalizamos esos mensajes. Las mujeres teníamos que estar delgadas, ser atractivas, conservarnos jóvenes. *Estar buenas* era una obligación. Intuíamos que había un agujero secreto, parecido al túnel invisible por el que desaparecen los calcetines en la lavadora, a través del cual las actrices y modelos se evaporaban al rozar los cuarenta. Nunca volvíamos a saber nada de ellas. Lo que tenía valor en nosotras era efímero. En nuestras manos estaba el mantenerlo y alargarlo lo máximo posible.

Nuestros cuerpos siguen incomodando. Por exceso o por escasez. Se nos quiere guapas, atractivas y delgadas. Pero, ojo. No todo vale. Hay que ser guapas sin que se note el truco ni la trampa. Ser atractivas y sexys sin exagerar, nunca hay que tener pinta de putón. Estar delgadas, pero sin parecer anoréxicas. No es fácil, no.

«Gorda» forma parte también de la artillería habitual que se usa contra nosotras. La gordofobia, el rechazo a las personas gordas, está a la orden del día. En el verano de 2022 el Ministerio de Igualdad lanzó una campaña que reivindicaba la diversidad de los cuerpos bajo el eslogan «El verano también es nuestro». En el cartel se mostraban cinco mujeres muy distintas (racializadas, con sobrepeso, con una mastectomía) e invitaba a disfrutar de un verano sin estereotipos ni violencia estética contra nuestros cuerpos. En Twitter se desataron los comentarios. Los había que acusaban el mensaje de Igualdad de promover la obesidad, otros calificaban la campaña de absurda, de una pérdida de dinero. No entendían dónde estaba el problema, para qué era necesaria una campaña como aquella.

Algunas mujeres intentaron explicarlo. La historiadora Esther López Barceló escribió una columna de opinión en *elDiario.es* con el título «Culpable de habitar un cuerpo»[3], en la que decía: «Me declaro culpable de habitar un cuerpo excesivo, de volúmenes sinuosos, que no cabe en las angostas costuras del canon. No es esta una culpa que me haya caído del cielo de forma abrupta. No es esta una culpa arbitraria y sola. Es una que lleva más de un siglo cayéndonos encima como una lluvia fina, constante y perpetua. En ocasiones sobrevenida entre truenos y rayos pero que también por momentos se torna chirimiri. Lo que no hace nunca es aplacarse. La culpa de estar gorda es un fenómeno antropogénico que asola, mayoritariamente, nuestros cuerpos. Los cuerpos de las mujeres».

Nuestro físico nos genera culpa. Somos las responsables de no dar la talla, de no caber en una 38. Ser mujer y tener un cuerpo no es un acto pasivo, requiere esfuerzo. La culpa de no ser más guapas, de no estar lo suficientemente delgadas, de tener celulitis, granos o tripas es nuestra.

Hay partes de nuestros cuerpos que ofenden más que otras. Los pechos, por ejemplo.

En junio de 2022 la periodista y portavoz del gobierno catalán, Patrícia Plaja, acudió a una entrevista en el programa de las mañanas de TV3. Vestía una camisa escotada y un blazer blanco. Durante una pausa publicitaria, y sin consultarle, le subieron el cuello de la camisa hasta taparle el escote. Plaja publicó al día siguiente un comunicado en Twitter en el que escribió: «La blusa escotada que ayer escogí para ir a una entrevista a la televisión no me hacía sentir incómoda. Escribir sobre mis pechos en este artículo, sí». También: «Pero hablémoslo. Y que esto sirva para que en el futuro ninguna mujer tenga que dar explicaciones sobre el tamaño de su escote en particular o sobre su estética, en general».

¿A quién molesta un escote a las nueve de la mañana? ¿Quién se va a atragantar con los *cornflakes* o el café con leche por vislumbrar un canalillo? ¿Dónde está la frontera entre lo aceptable y lo impúdico? ¿Por qué nuestros cuerpos ofenden y escandalizan? ¿A partir de qué hora podemos llevar la falda corta y escote en la televisión?

Nuestros cuerpos son una provocación, una incomodidad. Son impúdicos, ordinarios. Demasiado voluptuosos, demasiado sensuales, demasiado evidentes. Y tienen fecha de caducidad. En el mejor de los casos, las mujeres despertamos ternura cuando somos niñas, deseo cuando somos jóvenes y asco, o pena —viene a ser lo mismo— a partir de cierta edad. En el imaginario *señoro*, a partir de los 35 las mujeres tendrían que irse a sus casas, taparse y dedicarse a ver la tele o al crochet.

El edadismo es especialmente cruel con las mujeres. El mensaje viene a ser este: «Con las tetas caídas, las nalgas flácidas y la cara arrugada, ¿quién te va a querer? Tápese, señora. La culpa de envejecer mal será siempre tuya».

Volvamos a Twitter, la sede institucional del odio y el insulto.

En abril de 2022, la economista Lucía Velasco, de la que hablábamos en el capítulo anterior, publicó una columna de opinión en el diario *El País* titulada «La violencia del siglo XXI es digital»[4] en la que explicaba que las mujeres, que representamos un tercio de las cuentas de Twitter y casi la mitad de los perfiles de Instagram y Facebook, tenemos que pensárnoslo varias veces antes de expresarnos porque la ciberviolencia nos acecha. De hecho, contaba, que la Organización Mundial de la Salud estima que a partir de los 15 años una de cada diez mujeres ya ha sufrido algún ataque digital. El objetivo, claro, es amedrentarnos, silenciarnos. Escribía Velasco en aquel artículo: «Una gran parte de las mujeres opta por replegarse evitando su exposición y autolimitando sus libertades y derechos fundamentales. Tenemos ejemplos de actrices, políticas, periodistas y figuras públicas que han tenido que cerrar sus cuentas o candarlas por amenazas y ataques violentos. Esto ha tenido un impacto negativo en sus carreras coartando, en grandísima medida, su libertad de expresión: prefieren ahorrarse ese sufrimiento que impunemente se les inflige».

Entre las formas de agresión contra mujeres perpetrados a través de las redes sociales, Velasco señalaba el ciberacoso, el ciberhostigamiento, el slut-shaming (que te insulten llamándote puta), la pornografía no solicitada, la sextorsión, las amenazas de violación y de muerte, el body shaming (burlarse del cuerpo de alguien), el cyberflashing (enviar imágenes sexuales no solicitadas) o el doxing (compartir en línea la información personal de alguien sin su consentimiento).

Un ejemplo de todo esto es el de Rita Maestre, politóloga y portavoz del partido Más Madrid en el ayuntamiento madrileño, que compartió en marzo de 2022 un pantallazo de todos los insultos que recibió a través de Twitter en el plazo de tres días y que incluían el repertorio habitual: zorra, puta, guarra, enseña las tetas, payasa, infeliz.

Candar las cuentas —una opción que permite Twitter para proteger tus tuits de los perfiles que no te siguen— es habitual entre las usuarias de esta red social. La periodista Begoña Gómez Urzaiz escribió sobre ello en un artículo para *El País*[5] en diciembre de 2021, en el que citaba varios casos, como el de la escritora Anna Pacheco, que tuvo que leer un centenar de veces el insulto «tetas caídas» tras dar una charla feminista en el programa «Operación Triunfo» de Televisión Española, o el de la periodista María López Villodres, que fue hostigada en la red social después de publicar un artículo sobre personas que habían cambiado su modo de vida para ser más respetuosas con el medio ambiente. En su caso, su pecado fue ser mujer y demasiado progre. A ella empezaron acusándola de poco coherente con su artículo ecologista por coger aviones (publicaron fotos de su vida personal como ejemplo de su poca adhesión a la causa) y acabaron metiéndose, ¡sorpresa!, con su cuerpo.

Como explicaba Gómez Urzaiz, poner el candado a nuestra cuenta de Twitter para impedir ciberataques machistas es un mecanismo de autodefensa muy habitual entre las mujeres. Hacerlo, añadía, tiene sus costes profesionales, porque la red social es también una herramienta para visibilizar nuestro trabajo, y por tanto, una oportunidad profesional.

La periodista citaba informes de Amnistía Internacional que durante los últimos años ha estudiado las conductas abusivas contra las mujeres en Twitter. Según las conclusiones de uno de estos informes, que analizó los millones de tuits recibidos por casi 800 mujeres periodistas y políticas (los dos gremios en los que las mujeres reciben más ataques en las redes sociales), el 7,1 % de los tuits dirigidos a ellas eran problemáticos y abusivos. Se calcula que cada 30 segundos una mujer recibe un tuit tóxico. Las mujeres negras, asiáticas, latinas o mestizas tienen, de media, un 34 % más de posibilidades de ser mencionadas en tuits ofensivos que las mujeres blancas.

Hay ciberataques individuales, otros orquestados. Hordas de trolls que hostigan los perfiles señalados en una clara estrategia de acoso y derribo.

Este tipo de agresiones tiene consecuencias, también, para la salud mental. Según las conclusiones de Amnistía Internacional, las mujeres a las que entrevistaron confesaron que las situaciones de abuso o de acoso les provocaron estrés, ansiedad, ataques de pánico, sensación de impotencia y falta de confianza en sí mismas[6].

El objetivo es el de siempre: hacernos callar. Llevan siglos intentándolo.

SEGUNDA PARTE

11

LA EDAD DE LA INOCENCIA

Cuando la poeta y escritora danesa Tove Ditlevsen era niña aspiraba a ser normal, pero no le salía. Creció siendo una cría altísima, rara y con aspiraciones literarias. Un día le dijo a su padre que ella de mayor quería ser poeta. Él le contestó que las chicas no podían. Se equivocaba tanto, tantísimo, que el nombre de su hija acabó siendo uno de los grandes de la literatura danesa.

Unos pocos años antes, en los inicios del siglo pasado, la *sinsombrero* Concha Méndez fue otra niña incomprendida por sus padres. Poco dócil, nada señorita. Como cuenta Elvira Lindo en *30 maneras de quitarse el sombrero*, de pequeña Concha sentía fascinación por la cartografía. En una ocasión, un amigo de sus padres les hizo una visita y preguntó a los niños qué querían ser de mayores. Como el hombre no se dirigía a ella, la futura escritora se avanzó para contarle que ella sería capitán de barco. La respuesta de aquel tipo se le quedó grabada toda la vida. Le dijo que aquello no podía ser, que las niñas no son nada. Escribe Lindo: «Había que ser tozuda y valiente para no permitir que los convencionalismos de entonces te relegaran a un papel pasivo. No sé si ahora somos capaces de calibrar el ímpetu que había que reunir para ser una misma. Una, en femenino».

Ese mensaje, el de que las niñas no pueden, el de que las niñas tienen que conformarse y tener aspiraciones pequeñas, minúsculas, del tamaño de una casa, de una cocina o del cuarto de la plancha, caló en generaciones y generaciones de mujeres en las que la docilidad era la única opción. Todas necesitamos referentes. Para aspirar a algo, primero tiene que ser concebible, imaginable, posible.

¿Cómo es ser niña ahora? ¿Sienten nuestras hijas que el mundo les pertenece en igualdad de condiciones que a sus compañeros de pupitre? ¿Cuánto determinan nuestras vidas los roles y los estereotipos? Veámoslo.

Según un estudio[1] de tres universidades estadounidenses publicado en 2017 en la revista científica *Science*, los estereotipos de género sobre la capacidad intelectual aparecen a una edad muy temprana e influyen en los intereses de los niños. ¿Cómo de temprana? Mucho. A los seis años las niñas ya se sienten menos brillantes que los niños.

La investigación se realizó mediante varios experimentos con niños y niñas estadounidenses de entre cinco y siete años, de entornos de clase media y, en su mayoría, un 75 %, blancos.

El primer experimento consistió en contarles una historia breve sobre una persona «muy, muy inteligente». A los niños y niñas no se les dio ninguna pista sobre el género de esa persona tan brillante. Después, se les invitó a adivinar quién, de entre cuatro adultos desconocidos, era el protagonista. Los resultados mostraban que a los cinco años los niños asociaban la brillantez con su propio género en una medida similar, mientras que, a partir de los seis, las niñas eran significativamente menos propensas que ellos a asociar la brillantez con su propio género.

En otro de los experimentos investigaron si las creencias de los niños sobre la brillantez influían en sus intereses. Para ello, se presentaron dos juegos a 32 niños y a 32 niñas de seis y siete años. Se les dijo que uno de los juegos era para «niños muy, muy inteligentes» y el otro para «niños que se esfuerzan mucho, mucho». A continuación, se les formularon cuatro preguntas para medir su interés por estos juegos. Las niñas se mostraron menos interesadas que los niños en el juego para niños inteligentísimos, e igual de interesadas que ellos por el que requería esforzarse mucho. Cuando se incluyó a niños y niñas de cinco años en ese mismo experimento, los resultados no mostraron diferencias significativas en el interés de ambos géneros por el juego para niños muy, muy inteligentes.

Las tres autoras de la investigación llegaron a la conclusión de que, aunque sería interesante comprobar que los resultados se extienden más allá del contexto cultural estadounidense de clase media y mayoría blanca, las pruebas sugerían algo alarmante: muchos niños asimilan la idea de que la brillantez es una cualidad masculina a una edad muy temprana. Y que este estereotipo, esta creencia, empieza a moldear los intereses de los niños en cuanto aparece, por lo que es probable que reduzca el abanico de carreras, de profesiones, de vocaciones, que en el futuro barajarán. Es decir, los estereotipos se cocinan a fuego lento desde la infancia, y pueden ser determinantes para que las ahora niñas, pero futuras adolescentes, no contemplen estudiar según qué carreras asociadas a la brillantez, como las ingenierías o la física.

Otro estudio, publicado en marzo de 2022 en *Science Advances*[2], señala que las adolescentes de 15 años son más propensas que los chicos de la misma edad a culparse a sí mismas del fracaso escolar, es decir, a atribuir sus fracasos académicos a la falta de talento. Los autores de este estudio analizaron las respuestas de los más de medio millón de estudiantes de una setentena de países que participaron en el informe PISA de 2018, año en el que se incluyó por primera vez la afirmación: «Cuando me he equivocado, me preocupa no tener el talento suficiente». Los estudiantes podían marcar su grado de acuerdo o desacuerdo con la frase. Un 47 % de los alumnos de los países de la OCDE estaban de acuerdo o muy de acuerdo, frente al 61 % de las chicas que marcaron las mismas respuestas.

Los investigadores señalaron la existencia de un fuerte estereotipo de que las chicas carecen de talento y de grandes brechas de género en la atribución del fracaso a la falta de talento, de valía. Los datos sugieren que la exposición a estos estereotipos culturales sobre las capacidades intelectuales y el talento de las chicas puede limitar las opciones profesionales que unos y otras consideran. Los autores proponían algunas intervenciones políticas para acabar con esta realidad, entre ellas exponer a niños y niñas a modelos femeninos de éxito.

Las adolescentes tienen más miedo al fracaso y confían menos en sus capacidades que los chicos. Ahí está el síndrome de la impostora, asomando la patita. La voz que en el futuro te pondrá en duda, te preguntará por tu valía y te animará a salir corriendo, está aquí, calentando, haciendo gárgaras con agua caliente y limón.

Interiorizamos los roles desde niñas y para cuando llega la adolescencia ya están bien asentados. Un estudio realizado en 2007 por la Universidad de Sevilla[3] trató de identificar los estereotipos de género interiorizados por los alumnos de entre 14 y 18 años de enseñanzas secundarias. En cuanto a los estereotipos de competencias y capacidades, la mayoría (por encima del 40 %) de los alumnos encuestados consideraron que las mujeres estaban más capacitadas que los hombres para desempeñar tareas organizativas y que el rendimiento de las chicas era mayor en carreras de letras, humanidades y ciencias sociales. En cambio, más de la mitad de los encuestados afirmaron que los chicos son mejores en especialidades relacionadas con la informática, la electrónica, la industria y la construcción.

¿Cuánto nos limitan estos estereotipos? ¿Qué pasaría si no recortáramos nuestras aspiraciones de antemano, si no desconfiáramos de nuestra inteligencia desde que nos sentamos en el pupitre? Nuestros estudios y nuestras profesiones están muy influenciadas por todos estos prejuicios aprendidos y normalizados. Al final acabamos por dar la razón a las encuestas. A pesar de sacar mejores notas, tanto en el Bachillerato como en la EBAU, y de ser mayoría en las aulas universitarias, confiamos menos en nuestras capacidades, reducimos nuestras expectativas y nuestras aspiraciones.

La presencia de las mujeres en la universidad va reduciéndose según se avanza en el escalafón. Según datos de la Fundación CYD, las mujeres son mayoría en las universidades españolas cuando son estudiantes (un 56 % del alumnado), porcentaje que baja al 43 % en las docentes y a un escuálido 25 % en el caso de las catedráticas.

Las mujeres tendemos a estudiar carreras relacionadas con la educación, la salud y el bienestar, mientras que ellos son más proclives a elegir estudios de tecnología, ingeniería y matemáticas. Según los datos que recoge la «Radiografía de la brecha de género en la formación STEAM»[4] de 2022 del Ministerio de Educación y Formación Profesional, en el curso 2019-2020, en las universidades públicas españolas estaban matriculados 105.916 alumnos en carreras del ámbito de Ingeniería, Industria y Construcción, frente a 44.199 alumnas. En los estudios relacionados con la Informática había más del triple de alumnos (39.731) que de alumnas (6.688). En cambio, en los estudios universitarios relacionados con la Educación ellas eran mayoría (92.265 alumnas matriculadas frente a 27.063 alumnos), así como en los del ámbito de Salud y Servicios Sociales (108.500 mujeres y 36.787 hombres).

En las aulas de las carreras STEM[5] (las de ciencia, tecnología, ingeniería y matemáticas) faltan alumnas. Fomentar las vocaciones femeninas en ciencia y tecnología es una prioridad incluida en el marco estratégico en el ámbito de la educación de la Comisión Europea. En las conclusiones de la «Radiografía de la brecha de género en la formación STEAM» se constata que la brecha de género se consolida curso tras curso y que es necesario deconstruir los roles de género.

¿Por dónde empezar?

Escribo este capítulo en verano, es agosto y estamos de vacaciones. Mis hijos están ociosos. Se acuestan tarde, se levantan a media mañana, homenajean a la pereza la mayor parte del día. Por eso, supongo, se prestan a mis experimentos caseros. Emulando la investigación sobre los roles de género, les cuento una historia por separado. Les hablo de una persona muy, muy inteligente que tiene un trabajo de mucha responsabilidad. Toma decisiones importantes desde un despacho grande, con vistas. ¿En un rascacielos? Sí, un edificio altísimo, los transeúntes parecen hormigas desde sus ventanales. Esa persona tan, tan inteligente, con un puesto de trabajo tan, tan importante, trabaja muchas horas y a veces duerme poco. Mis hijos asienten con la cabeza.

Luego les pregunto cómo imaginan a esa persona. Con qué cara, con qué rasgos físicos, cómo va vestida. Los dos me describen a un hombre. Son distintos (uno lo imagina con ojeras, la otra con el pelo ralo). Pero son señores. Cuando al final se lo hago notar, les pregunto por qué. Mi hija me dice que por el trabajo importante y el despacho. Mi hijo añade que en la tele los que mandan siempre son hombres. En su caso no es la inteligencia lo que les ha hecho pensar que era un hombre, sino su puesto de trabajo.

Mis hijos no han conocido una infancia como la de Tove Ditlevsen, ni como la de Concha Méndez. Nadie les ha dicho nunca que las mujeres no pueden ser poetas, ni que las niñas no son nada. Pero han crecido en este mundo lleno de roles tan normalizados y camuflados como el azúcar escondido en el tarro de salsa de tomate, los *crispis* o el pan de molde. Han ido de compras, han pasado tardes enteras entre las páginas de catálogos de juguetes, han hecho zapping muchos domingos por la tarde. Mi hija fue una bebé sin agujeros en las orejas, sin pendientes. Por la calle me preguntaban si era niño o niña. Mi hijo fue un bebé con greñas. Siguieron preguntándome en el súper, en la farmacia, en el parque.

En 2016 se hizo viral el vídeo de Daisy, una niña inglesa de ocho años indignada porque, al recorrer los pasillos de ropa de un hipermercado Tesco, encontró diferencias significativas entre los mensajes de las camisetas destinadas a las niñas y a los niños. En las camisetas de niñas, de colores claros y pastel, podía leerse en letras brilli-brilli: «Guapa», «¡Hey» o «Me siento fabulosa», mientras que en las de los niños había mensajes como «Héroe» o «La aventura te espera». La cría miraba a cámara y le decía a su madre que aquello era injusto, que por qué las niñas tenían que ser guapas y ellos aventureros. Daisy, vestida con un kimono de karate, acababa colocando las camisetas para niños en la sección de niñas.

Dos años antes, en 2014, la cadena española Hipercor tuvo que retirar dos bodis para bebés de sus tiendas tras ser acusados de sexistas. En uno de ellos, de color azul, podía leerse «Inteligente como papá», en otro, de color rosa, «Bonita como mamá».

Quién pudiera nacer mujer y aspirar a algo más que ser bonita, ¿verdad? (Podéis poner los ojos en blanco ahora si queréis, sí).

La ropa puede perpetuar los roles de género desde que somos bebés. Los juguetes también. A quien crea que es un debate superado, le invito a ir una tarde al parque con un niño disfrazado de princesa o paseando un cochecito con una muñeca vestida de rosa. Convertir una tarde del siglo XXI en una decimonónica es fácil si sabes cómo.

A finales de 2020, el Instituto de las Mujeres presentó las conclusiones del estudio «Publicidad y campañas navideñas de juguetes: ¿Promoción o ruptura de estereotipos de roles de género?»[6], cuyo objetivo fue detectar la existencia del sexismo y analizar los roles de género que aparecen en la publicidad de juguetes dirigidos al público infantil. El informe constató que el 38,5 % de anuncios de juguetes mostraban a las niñas arquetipos femeninos de belleza o de cuidadora, madre o esposa y que el 11 % de la publicidad de juguetes sexualizaba a las niñas a través de posturas, gestos o miradas a cámara.

El estudio detectó, también, la representación masculinizada y feminizada de roles profesionales. Así, en más del 28 % de anuncios dirigidos a niñas, se representaba una profesión vinculada, en el 34 % de los casos, a la peluquería y la estética. En el caso de la publicidad enfocada a niños, ellos representaban una profesión en más del 32 % de anuncios, y en la mitad de los casos, los oficios eran de piloto, policía o militar.

Otro dato que tener en cuenta: en casi la mitad de los anuncios protagonizados por niñas, estas jugaban con muñecas. En los protagonizados por niños, en el 45 % de los casos jugaban con figuras de acción o vehículos.

¿Cuánto nos determina lo que aprendemos que es lo *normal* en lo que acabamos siendo? ¿Cuánto influye en una niña crecer consumiendo el estereotipo de que las mujeres son dóciles, soñadoras, tiernas, mamás solícitas, señoras que se tiñen el pelo, se pintan las uñas y se ponen carmín en los labios? Porque todo eso, ser tiernas, madres amorosas y tías con pelazo está la mar de bien si es lo que deseas, pero es compatible con una serie de cosas que no están, que no se muestran. La madre del bebé rollizo que llora lágrimas de verdad puede pasar su jornada laboral en un laboratorio. La chica soñadora puede llenar auditorios hablando de sus investigaciones en el campo de la robótica. Y la señora del pelazo puede tener un despacho desde el que dirige un país. Que nos enseñen toda esa parte del cuento. Que no escatimen en detalles. Que les den a nuestras hijas el pack completo. Al lado del set de la muñeca articulada que sujeta bebé y biberón, queremos el de la misma muñeca cruzando las piernas encima del escritorio de madera de una réplica exacta del despacho oval.

Porque los hay que nos dicen que si nuestras niñas al crecer no hacen ni se dedican a ciertas cosas es porque no quieren. Que no son ingenieras porque tienen otras preferencias. Que no dirigen empresas del Ibex porque su vocación, simplemente, es otra. Que somos distintos, dicen. Que ser distinto no es malo, insisten.

Y no se trata de esto. Se trata de que cada una pueda ser aquello que realmente desee ser, sin cortapisas, sin miedos, sin síndromes de la impostora precoces que las llevan a limitar sus sueños, sus ambiciones, sus anhelos. Lo que queremos es que sean nuestras hijas las que se coman el mundo, no que el mundo se las meriende a ellas.

12

INTELIGENTES A SU PESAR

A los 14 años empecé a escuchar en bucle el *Unplugged in New York* de Nirvana, a vestir camisas grandes y a poner cara de asco a la mínima ocasión. De repente, todo me parecía o pueril o cutre. Aquel curso era una de las alumnas nuevas en mi clase. Recuerdo los pupitres de madera, el escalón al que debíamos subirnos cuando nos preguntaban la lección de ciencias naturales, las pistas de baloncesto, el muro de piedra en el que nos sentábamos con mis amigas a la hora del recreo... y el miedo a ser una pringada. Aquel miedo era el vínculo que nos unía a todos los adolescentes de aquella clase llena de brákets, hormonas y granos. Se podían ser muchas cosas, pero ¿una pringada?, eso no.

Alguna de esas tardes de pupitre tuvo que ser la primera vez que, sentada en primera fila y sabiendo la respuesta correcta a la pregunta formulada por uno de los profesores, decidí no levantar la mano, opté por no hablar. Pudo ser por el miedo a pifiarla y hacer el ridículo (¡socorro!) o porque ya tenía claro que ser una sabihonda molaba lo justo, no lo sé. Pero aquello marcó un antes y un después. No volví a responder a no ser que me preguntaran directamente. Ante cualquier pregunta encabezada por un «¿alguien sabría decirme...?», desviaba la mirada, me mordía la cara interna de los carrillos o pasaba las páginas del libro del texto fingiendo desinterés, pero no, no levantaba la mano. Aquella pauta de comportamiento se cronificó. Y llegó el miedo, la inseguridad, las dudas. Participar voluntariamente dejó de ser una opción para mí.

A finales de los años ochenta, las sociólogas Marina Subirats y Cristina Brullet publicaron el estudio *Rosa y azul: la transmisión de los géneros en la escuela mixta*[1], un trabajo realizado con alumnos catalanes de EGB de once escuelas mixtas de distinto perfil (públicas y privadas, de clase media, de clase trabajadora, campesinado, en Barcelona, en pueblos, en ciudades medianas...). Entre las conclusiones a las que llegaron, las hay que aquí nos interesan especialmente: las que tienen que ver con la interacción en clase de niños y niñas.

Las autoras observaron que las niñas más pequeñas, las de los cursos de parvulario, establecían un número de interacciones individuo a individuo casi igual que el de los niños, pero que ese índice bajaba sensiblemente a partir de los 6 años y ya no se recuperaba hasta los 13, en plena adolescencia. Las niñas eran menos participativas en asambleas, plástica y experiencias, pero muy activas en clase de lengua y matemáticas. En cuanto a las intervenciones voluntarias, percibieron que la menor participación de las alumnas parecía radicar en una estimulación insuficiente y la falta de seguridad para intervenir. Las niñas participaban menos cuando el profesor no les concedía directamente la palabra y, cuando se dejaba el turno de palabra al alumnado, la dinámica del aula era dominada claramente por los niños. El hecho de que las niñas pidieran la palabra en la mitad de las ocasiones en que lo hacían los niños, y su poca participación en las asambleas, concluyeron, reforzaba la idea de la inseguridad y la falta de estímulo de las alumnas para intervenir públicamente. «De esta manera, se reproduce en la escuela el hecho de que el protagonismo de los ámbitos públicos pertenece a las personas de género masculino», apuntaron las autoras.

No destacarás, parece ser nuestro primer y más firme mandamiento. En el estudio «Género, rendimiento y expectativas docentes», publicado hace dos décadas por la *Revista de Pedagogía* de la Universidad de Salamanca, se recogía una respuesta muy descriptiva de la profesora universitaria María Luisa Fabra en una entrevista en *El País:* «Todavía se educa a la mujer para que tenga un papel discreto. Sus respuestas suelen ser más brillantes que las de los chicos, pero no se atreven a decirlas. Formo grupos en clase y les pido que nombren a una persona portavoz: si en el grupo hay un solo chico será elegido portavoz, aunque sea tartamudo. Pasa año tras año. Y no es culpa de ellos».

¿Qué hay de malo en ser inteligentes? Mucho, si tenemos en cuenta que un alto porcentaje de las chicas con altas capacidades intentan disimularlas, prefieren no levantar la mano y pasar desapercibidas.

Las niñas superdotadas están infradiagnosticadas. Detectar sus altas capacidades es más difícil que en el caso de los niños.

Según las estadísticas del Ministerio de Educación y Formación Profesional[2], en el curso 2020-2021 había 40.910 alumnos de altas capacidades en todas las etapas (Infantil, Primaria, Secundaria, Bachillerato y FP). Solo el 35 % de los estudiantes eran chicas.

La situación se complica a partir de los 12 años. Porque las adolescentes del siglo XXI, aunque prefieran el *trap* al grunge, comparten con las que lo fuimos hace algunas décadas la necesidad imperiosa de no ser unas pringadas. ¿Quién en su sano juicio querría ser una marisabidilla, una empollona, una sabihonda, una listilla, una cerebrito, una *nerd*? Es más, puestos a desear, ¿por qué querrían ser inteligentes, qué ventajas, en qué mejoraría la vida de una quinceañera por ser una *crack* en el instituto? ¿Alguien se ha hecho popular alguna vez en un aula de ESO por haber leído con gozo el *Ulises* de Joyce? ¿Prefieres entender el cosmos o tener un millón de suscriptores en tu canal de YouTube? ¿Likes o genialidad? No sé, déjame pensar, *bro*.

Gambito de dama es una serie de Netflix basada en la novela homónima escrita por el autor estadounidense Walter Trevis[3] a principios de los años ochenta. La historia está protagonizada por Beth Harmon, hija única de una madre soltera con problemas mentales, que se queda huérfana siendo muy pequeña y acaba internada en un orfanato en el que se inicia, fundamentalmente, en dos cosas: el consumo de tranquilizantes y el ajedrez.

Beth es una niña brillante que aprende las reglas del juego husmeando, de extranjis, las partidas solitarias del bedel del orfanato. Cuando, al fin, convence al hombre de que la enseñe a jugar, la cría descubre que tiene un talento innato. Lo que sigue es una de esas clásicas historias que nos entusiasman: tras ser adoptada por un matrimonio al borde de la ruptura, Beth comienza un ir y venir de campeonatos de ajedrez en los que va dejando a todos sus contrincantes —machirulos de manual— con un palmo de narices con su capacidad asombrosa para ingeniar jugadas. A la vez, empieza su paulatino descenso al infierno de la politoxicomanía.

En un momento de la historia, cuando todavía es una colegiala de instituto que asombra en todos los campeonatos en los que participa, una periodista de la revista *Life* se planta en su casa para hacerle una entrevista. Beth ansía que le pregunte por su talento, por cómo juega la siciliana, pero la periodista solo muestra interés por su precocidad, por si tiene novio, por si siente miedo al ser la única mujer en un mundo de hombres. Al leer el artículo publicado, Beth se queja a su madre adoptiva. «Sobre todo habla de que soy una chica», le dice. «Bueno, lo eres», le contesta la mujer. «No debería ser tan importante», insiste Beth. La madre le contesta que qué más da, que ahora es famosa. Beth le responde desanimada: «Por ser una chica, sobre todo».

Todas entendemos a Beth. Ella no quiere ser un maldito titular de *clickbait*. Lo que desea es que se hable de su habilidad en el ajedrez del mismo modo del que se habla del de sus contrincantes hombres. No queremos ser el titular, queremos ser la historia.

Volviendo a las Beth anónimas, sucede que se diagnostican a muchos más niños que niñas. La ratio es un 70 % de niños y un 30 % de niñas, según los expertos. Luz Pérez es catedrática de psicología evolutiva y de la educación de la Universidad Complutense y la Universidad Camilo José Cela, y experta en altas capacidades. Mantenemos una entrevista telefónica en la que, para empezar, me cuenta que las niñas no tienen modelos de mujeres que hayan triunfado por ser inteligentes y que sienten miedo por las consecuencias de su superdotación, temen que ser *unos coquitos* se traduzca en rechazo social, que la pandilla, a una edad en la que los amigos son tan importantes, las margine.

«Muchas prefieren no hacerse notar. Ser una empollona, o una niña muy buena en clase, no supone el éxito social. Pero en el momento del diagnóstico sienten alivio, se sienten bien porque se dan cuenta de que valen. Los niños ya se reconocen a sí mismos como listos, pero ellas vienen dudosas, y se sienten seguras y bien cuando tú se lo confirmas. El diagnóstico les da seguridad», afirma Pérez.

En una investigación realizada por ella y otros tres expertos en 2012, titulada «Estimación de la inteligencia en los adolescentes»[4], trataron de comprobar si, como en el caso de los adultos, los adolescentes hacían autoestimaciones más altas que las adolescentes sobre su inteligencia. Participaron casi 200 estudiantes de educación secundaria, de clase media y alta, a los que se les pidió que hicieran estimaciones de su propia inteligencia y de la de sus padres y abuelos. La investigación encontró que los hombres hacen autoestimaciones más altas que las mujeres, especialmente en la inteligencia lógico-matemática. Los chicos hicieron estimaciones más altas de la inteligencia de sus padres que de sus madres, y de sus abuelos que de sus abuelas. Las chicas también.

Los resultados concuerdan con lo que observa Pérez en su consulta: los chicos que van a diagnosticarse acuden teniendo claro que son listos. Ellas albergan dudas.

Se da el caso, además, de que muchas niñas con altas capacidades son diagnosticadas de rebote. Es decir, van a las pruebas de diagnóstico aprovechando que tiene que ir un hermano o un familiar chico. ¿Por qué? La alta capacidad de una niña pasa más desapercibida. Para ellas mismas y para sus padres y maestros. Como explica Pérez: «De ellas piensan que son muy trabajadoras y que se esfuerzan, y que por eso sacan tan buenas notas. Las niñas no intentan ser brillantes y, por lo que, a pesar de su alto rendimiento, los padres no suelen pensar que sus hijas son superdotadas».

En el artículo «Mujeres jóvenes de altas capacidades: aceptar y ser aceptada, sin miedo, sin violencia, con inteligencia»[5], publicado en 2018 en la *Revista de Estudios de Juventud* del INJUVE, la especialista en alta capacidad Pilar Muñoz Deleito insiste en esta realidad, la de ignorar la inteligencia de las niñas por parte de los adultos. Escribe: «Siempre que las chicas tienen éxito en sus estudios, todos, padres, profesores, compañeros de clase, suelen hacer la atribución de que sacan muy buenas notas o incluso se las considera brillantes desde el punto de vista académico, pero siempre es debido a que son muy constantes, muy trabajadoras, a que estudian mucho, pero muy pocas veces se considera un valor femenino [...] Un aspecto, el de no necesitar

mucho estudio y de forma constante, que en las chicas con
altas capacidades suele traducirse en una menor necesidad
de memorización, menos interés por la constancia, la organización del estudio y los métodos; lo que a la postre se traduce en menor rendimiento llegada la adolescencia, cuando
los intereses se diversifican, no existe trabajo previo con la
memoria y los estudios son más complicados (ya no es suficiente una mera lectura para aprobar)». Al final, señala
Muñoz Deleito, las posibilidades de que las niñas superdotadas sucumban al fracaso escolar en la etapa de la adolescencia son altas.

   ¿Os suena todo esto, no? ¿Cuántas veces, a lo largo de
las páginas de este libro, hemos hablado de esta sensación,
o de esta necesidad, de atribuir nuestros logros a factores
que no tienen que ver con nosotras, o no del todo? ¿Os acor-
dáis de aquellas brillantes estudiantes de posgrado que creían
que sus notas eran gracias a sus sesiones maratonianas de
estudio, al esfuerzo y trabajo duro, o incluso a un error de los
examinadores? ¿Y de esas jefas con buenos puestos de trabajo que justificaban su valía a la suerte, a la pura chiripa?
A ver, dejadme pensar... ¿dónde podemos haber aprendido
todo esto? ¿Tal vez, quizá, qué sé yo, en un mundo en el que
incluso los padres de chavalas con altas capacidades creen
que sus hijas coleccionan sobresalientes porque son muy estudiosas y buenas? No recuerdo una incógnita más difícil de
descifrar desde aquel misterioso M. *Rajoy* garabateado en
negro sobre fondo amarillo.

   Muñoz Deleito escribe también que muchas chicas con
altas capacidades sufren el síndrome de la impostora, y otras
el síndrome de la abeja reina, que es, explica, el que las lleva
a un perfeccionismo exagerado e imposible en todos los ámbitos de su vida y que puede acabar provocando problemas
de salud mental, como la depresión. Y añade: «En ocasiones
esta actitud de camuflaje [la de ocultar y disimular sus capa-

cidades] puede estar dirigida a limitar el daño emocional que puede producirles el no alcanzar sus propios objetivos por esa ansia de perfección, generándoles esto una sensación de fracaso. A veces el miedo a suspender las lleva a ponerse nerviosas en los exámenes o incluso a abandonar los estudios. De ahí la importancia de regular los niveles de autoexigencia a través de un concepto más realista sobre el fracaso y las expectativas autoimpuestas».

Cuántas veces habremos tachado a una chica de mentirosa por salir de un examen al borde de las lágrimas y acabar sacando un sobresaliente, cuando solo era una chavala lidiando con sus propios miedos y con una autoexigencia al borde de la asfixia.

Dudamos de nuestra capacidad incluso cuando tenemos un cerebro digno de ser conservado en formol.

La psicóloga Luz Pérez me asegura que hay mucho camino por recorrer todavía. Que seguimos viviendo en una sociedad muy machista que no da importancia a la inteligencia de las mujeres. Que hay que empoderar a las niñas, darles referentes y diagnosticarlas.

Por cierto, hablábamos hace un momento del ajedrez, una disciplina que asociamos popularmente a la alta inteligencia, a la brillantez. También se considera un deporte de hombres. En 2021, de los 22.426 ajedrecistas federados, solo 2.348 eran mujeres[6]. Más del 80 % de las mujeres federadas son menores de edad. No sé si habéis ido alguna vez al típico torneo infantil de ajedrez. Se ven muy pocas niñas, y a medida que crecen, su porcentaje se va reduciendo más.

Leontxo García, el periodista de *El País* especializado en ajedrez, trataba de dar una explicación a la escasa presencia de mujeres en el ajedrez en una entrevista en el suplemento SModa: «Todavía hoy, en el siglo XXI, en la mayoría de los países del mundo el ajedrez tiene una etiqueta de masculinidad. Regalarle una muñeca a un niño sigue siendo casi tan raro como regalarle un juego de ajedrez a una niña». García daba también motivos para el optimismo, porque, de un tiempo a esta parte, muchos colegios están introduciendo el ajedrez como actividad en horario lectivo, además de clases extraescolares. Porque sin tener la oportunidad, es difícil que surja el talento.

Nos urge un jaque mate.

13

BUSCANDO REFERENTES

Cuando mi hija tenía ocho años, iba a clases de baloncesto en su colegio dos tardes por semana. Su ídolo era la jugadora Alba Torrens, por aquel entonces subcampeona olímpica, campeona del último Eurobasket y elegida MVP —la mejor jugadora— del torneo. Se acercaba su cumpleaños y pensamos en regalarle la camiseta de su deportista favorita. Dábamos por sentado que no sería una tarea complicada. Nos equivocamos.

No encontrar camisetas de Torrens en internet no nos desanimó. Después recorrimos tiendas de deporte y grandes almacenes. En el último, un vendedor de la planta de deportes al que el nombre de la jugadora le sonaba a chino mandarín, nos contestó que de la selección femenina no tenían nada, que de mujeres no había camisetas porque no se vendían. Nuestra hija se quedó sin camiseta, nosotros con un buen chasco.

Esto ocurrió en 2017. Casi cinco años después, el 22 de abril de 2022, llegué a la estación de Sants y la encontré repleta de seguidores de todas las edades del equipo femenino del Barça ataviados con sus camisetas. Aquel día, el Barça jugaba la ida de semifinales de la Champions League contra el Wolfsburgo en el Camp Nou y batieron récords de asis-

tencia en un partido de fútbol femenino: 91.648 espectadores. El campo del Barça, el estadio de mayor capacidad de
Europa, tiene un aforo de 99.354 personas.

Ese mismo mes de abril se había jugado el derbi femenino entre el Barça y el Real Madrid y, según informó la
emisora de radio catalana RAC 1[1], durante aquel partido
la capitana blaugrana, Alexia Putellas, vendió el doble de camisetas que cualquier jugador del Barça masculino en días
de partido. Pedri, el futbolista del equipo masculino del Barça
con más éxito de ventas en días de partido en la tienda del
Camp Nou, vendía una media de 25. El día del derbi se ven-
dieron medio centenar de camisetas de Putellas.

Putellas fue elegida Balón de Oro femenino dos años
consecutivos. La primera vez fue en noviembre de 2021. Esa
misma noche, entrevistada en el programa *El Larguero* de
la Cadena SER[2], le preguntaron qué diría a todas las niñas
que ahora sueñan con ser Putellas y no Messi, y respondió:
«Sobre todo que crean en ellas mismas, que trabajen y que si
lo que quieren es ser futbolistas, que luchen por ello y que con-
fíen en ellas mismas y en su talento». Días después, en otra
entrevista, esta vez en Catalunya Ràdio[3], le volvieron a preguntar por lo de ser un referente, y por lo que le pasaba por
la cabeza cuando veía por la calle camisetas del Barça con
su nombre en la espalda. Ella contestó que lo vivía como un
hecho natural y que solo era cuestión de tiempo que aquello
pasara. Contó que de niña pasaba los recreos jugando
al fútbol con los niños de su clase, que era la única de sus
amigas que lo hacía. Y añadió que las personas nacen sin etiquetas, que es cuando vas creciendo que te van llenando de
ellas y que confiaba que en las futuras generaciones esto no
será así.

Alexia no tuvo referentes femeninos en el fútbol cuando
era pequeña. Ella lo es ahora para muchas niñas que ven en
ella un ejemplo que seguir.

El panorama del fútbol femenino ha cambiado mucho en los últimos años. Hasta hace muy poco, el deporte practicado por mujeres era completamente ninguneado. Para empezar, se negaba la posibilidad de que ellas ganaran lo mismo que sus colegas masculinos —la brecha salarial en el deporte es un escándalo, lo veremos enseguida— porque no generaban los mismos ingresos. A este mantra se ha sumado el tenista Rafa Nadal en varias ocasiones. Por ejemplo, en una entrevista que dio a una revista italiana[4] en junio de 2018, y en la que, cuando le preguntaron qué opinaba sobre la diferencia salarial de los y las tenistas, dijo: «Es una comparación que ni siquiera debería hacerse. Las modelos ganan más que sus colegas, pero nadie dice nada. ¿Y por qué? Porque ellas tienen más seguidores. En el tenis pasa lo mismo, ganan más aquellos que movilizan más público».

Siempre me ha parecido un silogismo tramposo: es poco probable generar ingresos millonarios si no cuentas con partidos en prime time, portadas en los periódicos deportivos, y el mismo apoyo institucional y económico que el deporte masculino. Es como desplazarte en coche y quejarte de la lentitud de los que lo hacen en bicicleta. Pues claro.

En cuanto el fútbol femenino empezó a tener más visibilidad en España, el número de seguidores empezó a subir. Como sabe cualquier comerciante, cuanto mejor sea el escaparate, mejor se venderá el producto.

En los últimos años, los grandes clubes de fútbol españoles han decidido apostar por el deporte femenino. Apostar por un equipo quiere decir invertir dinero en él. Lo hicieron el Barcelona y el Atlético, y el Real Madrid acabó sumándose, en la temporada 2020-2021, tras 118 años de existencia del club, creando su primer equipo femenino. El patrocinio de la liga femenina por parte de grandes compañías —Iberdrola lo hizo desde 2016 y hasta el final de la temporada 2021/2022—, también ayuda.

El empuje hizo que creciera la demanda, que los medios abrieran los ojos al fútbol femenino. Aunque los partidos de la liga no se retransmiten en la radio ni en la televisión generalista excepto en casos puntuales, el incremento del interés ha provocado que el canal de pago DAZN emita todos los encuentros de la liga femenina española desde septiembre de 2022.

Lo que también han crecido son las ganas de ser futbolistas entre las niñas. ¿Cómo se miden estas ganas? En licencias federativas. En la última década, las licencias de fútbol femenino en España no han parado de crecer[5]. En 2010 había 33.755 futbolistas federadas, en 2020 eran 77.461.

La Eurocopa femenina de la UEFA, disputada en Inglaterra en julio de 2022, dejó récords de audiencia. Televisión Española retransmitió todos los partidos, a través de La 1 y Teledeporte. La competición fue el torneo femenino más visto de la historia, con una media de 1,48 millones de espectadores en los partidos emitidos en La 1. La prórroga que acabó con derrota de la selección española contra Inglaterra, congregó a tres millones de espectadores[6].

Y hasta aquí la parte bonita. Porque queda todavía mucho por hacer, porque el fútbol no deja de ser una anomalía y porque, para empezar, la *Messi* del fútbol femenino no tiene ni sus mismos recursos, ni su mismo reconocimiento, ni su mismo sueldo.

Los sueldos astronómicos son una utopía para las futbolistas. Alexia Putellas gana menos al año que Pedri en un mes.

Como explica el periodista David Guerrero en su libro *Corres como una niña*[7], el 87 % de las mujeres abandonan su carrera deportiva en el fútbol antes de cumplir 25 años por la falta de remuneración económica. Cerca de la mitad de las futbolistas no cobran por jugar y solo el 10 % de las que sí perciben un sueldo, pueden vivir de ello. Guerrero cita también los datos del último informe global sobre el empleo en el fútbol femenino publicado en 2017, según el cual el sueldo medio de las futbolistas profesionales es de (redoble de tambores) 600 dólares; solo un 1 % de las jugadoras supera los 8.000 dólares al mes. El periodista recuerda que en 2019 hubo en España la primera huelga de mujeres futbolistas. Consiguieron su primer convenio colectivo, aprobado en febrero de 2020 y con fecha de caducidad, pero que les reconocía, al fin, vacaciones, bajas por lesión... y una retribución bruta anual mínima garantizada de 16.000 euros. Los hombres reciben un sueldo mínimo anual de 155.000 euros.

El del fútbol es un buen ejemplo de la importancia de los referentes. Si existe, puedo aspirar a ello. Los referentes nos enseñan que otras lo han hecho antes y que, por lo tanto, con trabajo y esfuerzo podemos llegar a conseguirlo también nosotras. Los referentes nos ayudan a aspirar y a reconocernos.

¿Dónde pueden encontrar las niñas referentes de mujeres que han hecho cosas importantes? ¿En los libros de texto, en los nombres de las calles, en los museos? Spoiler: de ser así, lo tienen complicado.

En 2015, la investigadora de la Universidad de Valencia Ana López-Navajas presentó su tesis doctoral: «Las mujeres que nos faltan. Análisis de la ausencia de las mujeres en los manuales escolares»[8], cuyo objetivo era comprobar cuáles son los referentes culturales que transmiten los contenidos de los libros de texto de la educación secundaria obligatoria (los cuatro cursos de la ESO) para valorar el peso de las mujeres en ellos y hasta qué punto estaban representadas sus aportaciones históricas. Las conclusiones son desmoralizadoras: las mujeres solo aparecen en los textos en un 7,5 % de las ocasiones (1.266 veces por las 15.319 ocasiones en las que aparecen los hombres). López-Navajas escribió: «Los hombres, con casi el 93 % de todas las apariciones de personajes en los manuales, son los absolutos protagonistas. Resulta manifiesto que nos encontramos ante el relato de una historia y una cultura de hombres; sin mujeres. Su ausencia es sistemática y su presencia, anecdótica. Todo el conocimiento generado por mujeres, todas sus aportaciones históricas, quedan fuera de los contenidos escolares. Resulta incuestionable que se ofrece un panorama cultural e histórico sesgado y empobrecido —aún más, falseado— de donde las mujeres están excluidas. Y que, para mayor gravedad, esta historia y cultura de género (masculino) se transmite a todas y todos los estudiantes como si fueran los referentes colectivos universales, de mujeres y hombres».

La investigadora encontró, además, un caso extremo: en los manuales de texto de la asignatura de Tecnología de 4° de ESO todos los personajes, sin excepción, eran hombres, y no pocos: 117. Otra conclusión interesante fue que la presencia de las mujeres en los libros de texto disminuye conforme avanzan los cursos y los contenidos ganan en amplitud. Los manuales tienen mayor presencia de mujeres en los primeros cursos de la ESO que en los dos últimos.

López-Navajas coordina, desde 2020, el proyecto europeo Women's Legacy, que busca contribuir decisivamente a la inclusión de las mujeres protagonistas de la historia y la cultura y su legado en los contenidos educativos, ofreciendo instrumentos de intervención didáctica en abierto y gratuitos. El objetivo: corregir la visión androcéntrica de la cultura transmitida a través del sistema educativo.

Descartada la opción de los libros de texto, las niñas podrían tirar de callejero. Vivir en la calle Amelia Earhart esquina Hedy Lamarr, ir al colegio de la plaza Rosa Parks, tener la pediatra en la avenida Sofonisba Anguissola y la dentista en el bulevar Nina Simone podría ser inspirador. Pero tampoco.

Por cada vía española con nombre de mujer, hay diez dedicadas a un hombre. Lo muestra un estudio de dos investigadores españoles publicado en 2022, bajo el título «Ciudades con género: estudio del sesgo de género urbano a través de los nombres de las calles»[9]. Los autores calcularon el porcentaje de calles con nombre de mujer y hombre en los municipios españoles entre los años 2001 y 2020. Solo el 12 % de las calles de nuestro país tienen nombre de mujer. Además, estas no suelen estar en los centros urbanos. Menos de la cuarta parte de las nuevas calles, y de aquellas que cambiaron el nombre a lo largo de esas dos décadas, tienen nombre de mujer. El sesgo se mantiene.

Los museos tampoco serían una buena alternativa para que nuestra niña imaginaria en busca de referentes (e inasequible al desaliento, a estas alturas) encontrara mucha inspiración. En *Las invisibles. ¿Por qué el Museo del Prado ignora a las mujeres?*[10], el historiador del arte y periodista Peio H. Riaño analizaba cómo, doscientos años después de su creación, el museo silencia y excluye a la mujer. En marzo de 2020, fecha de publicación del libro, el Prado exponía 1.700 cuadros, de los que solo siete estaban firmados por una artista (Clara Peeters, Artemisa Gentileschi, Angelica Kaufmann, Rosa Bonheur y Sofonosba Anguissola, la de la calle imaginaria, sí). Y no era por olvido, o por falta de artistas. Era por falta de interés.

No es algo exclusivo de este museo. En 2020, la colección de la National Gallery de Londres, compuesta por 2.300 obras, solo contaba con 20 pinturas realizadas por mujeres, y únicamente cuatro colgaban a la vista del público. En el Louvre, en París, solo se exhibían obras de 21 artistas mujeres.

Escribía Riaño en *Las invisibles*: «No hay heroínas en la historia de España escrita por los españoles, no hay referentes en los libros de texto de los colegios, ni mujeres ejemplares en las salas de los museos, porque ellos tienen las llaves y el control de la puerta de acceso. Solo perturbadas o víctimas, solo bellas violadas. Aunque en el museo todo parezca civilización y cordura, la cultura nunca es inofensiva. Nunca ornamental. Cuidado con la reverencia».

En octubre de 2020, el Museo del Prado inauguró «Invitadas. Fragmentos sobre mujeres, ideología y artes plásticas en España», una muestra comisariada por Carlos G. Navarro, que reflexionaba sobre cómo los poderes establecidos defendieron y propagaron, a lo largo del siglo XIX, el papel de la mujer en la sociedad a través de la pintura. Es decir, cómo el arte describía el rol de las mujeres de la época. Era, sin duda, una exposición incómoda.

Lo eran especialmente dos obras de Pedro Sáenz, *Crisálida* (1897) e *Inocencia* (1899) que mostraban dos niñas desnudas y sexualizadas. Era algo aceptado en la época, estaba normalizada la sexualización de menores en su despertar sexual.

Otra de las obras era *Desnudo femenino*, que pintó la artista española Aurelia Navarro en 1908. Un desnudo sensual en el que se ve a una mujer de espaldas, tumbada de lado. Que una artista se atreviera a pintar a una mujer sin ropa era todo un atrevimiento. Aunque con aquella obra ganó un tercer premio en la Exposición Nacional de Bellas Artes de ese año, Navarro lo pagó muy caro. Se dijo que era un autorretrato, sufrió una enorme presión social y mediática. La artista acabó ingresando en un convento.

Recordad, amigas, que el precio por saltarnos las normas, sean las que sean, siempre es la pérdida de la libertad, de mil y una formas.

En los últimos años ha proliferado la literatura infantil que reivindica a mujeres con relevancia histórica, inspiradoras, auténticas referentes. Y ahí sí, ahí puede que nuestra niña imaginaria, y nuestras hijas, e hijos, puedan rellenar los huecos, puedan remendar la invisibilidad a la que tantas mujeres han sido condenadas a lo largo de los siglos.

En 2018 se publicó en nuestro país el éxito internacional *Cuentos de buenas noches para niñas rebeldes*[11], firmado por dos autoras italianas, Elena Favilli y Francesca Cavallo. Para poder editarlo recurrieron a una campaña de crowfunding, y consiguieron una recaudación récord, con donaciones de 30.000 patrocinadores en más de setenta países. El libro recoge cien historias de mujeres reales y extraordinarias. Hay pintoras, aviadoras, escritoras, políticas, matemáticas, estrellas del rock, astrofísicas o trombonistas.

El éxito de este primer volumen constató el boom de la literatura infantil reivindicativa. A veces, no hay cosa más seria que contar un cuento. Es el mundo al revés: a nuestras hijas les explicamos cuentos para que estén atentas, para que no se duerman. Con ellos intentamos arreglar por la noche lo que otros estropean durante el día, enseñándoles que, aunque no las vean, aunque no les hablen de ellas, aunque parezca que las mujeres nunca hicieron nada importante, siempre hemos estado aquí. Y que colorín colorado, ese cuento, por fin, se ha acabado.

14

MUJERES Y PODER

Una foto mostraba en Twitter a tres mujeres alrededor de una mesa baja con café, agua, zumos y pastas de té. Sonreían y parecían hablar distendidas. Pero no eran tres colegas de *afterwork*, no, eran la presidenta del Parlamento Europeo, Roberta Metsola; la presidenta del Banco Central Europeo, Christine Lagarde, y la presidenta de la Comisión Europea, Ursula von der Leyen. La primera de ellas la publicó el 14 de febrero de 2022 acompañada de la frase: *For every girl in Europe #believe* («Para todas las niñas de Europa. #Creed»). Las tres mujeres que presidían las instituciones europeas más importantes se habían reunido en el Parlamento Europeo. Era la primera vez, de ahí el simbolismo de aquella imagen, que tres mujeres estaban al frente de estas instituciones.

Las españolas no conocimos gobiernos paritarios hasta 2004, en la octava legislatura de la democracia, presidida por el socialista José Luis Rodríguez Zapatero. Las fotografías de las legislaturas previas, especialmente de las primeras, son un cuadro. Todo un homenaje al señor con traje chaqueta. Los hay altos, bajos, miopes, calvos, engominados y alguna media melena. Mujeres, no. La primera ministra de la democracia, Soledad Becerril, ocupó la cartera de Cultura en diciembre de 1981. Duró un año. En el primer gobierno de Felipe González volvieron a ser todo hombres. *For every man in Spain,* podría haber sido el pie de foto.

Claro que en 2004 hacía poco más de setenta años que las mujeres habían conquistado el derecho al voto en España. Las españolas, las mayores de 23 años, pudieron votar por primera vez en las elecciones generales celebradas el 19 de noviembre de 1933. Y lo hicieron gracias a otra jornada histórica, la del 1 de octubre de 1931, el día en el que el sufragio femenino fue aprobado como artículo en la Constitución de la República. Y fue gracias también a una mujer, Clara Campoamor, que defendió con éxito este derecho en las Cortes Constituyentes de la Segunda República. Como escribe el periodista Isaías Lafuente en su libro *Clara Victoria*[1]: «Clara Campoamor fue el motor de la mayor revolución democrática que se ha producido nunca en nuestro país. Una revolución incruenta conquistada con las armas de la palabra y de ideas asentadas en firmes convicciones que defendió siempre con valentía y tenacidad. No fue la primera ni lo hizo en soledad, aunque los suyos le dieran la espalda. Pero su voz fue la de la conciencia democrática frente a quienes dudaban o defendían el mantenimiento de la aristocracia del poder masculino, frente a todos aquellos hombres, y una sola mujer, que enarbolaron la bandera de la igualdad en la hora de las promesas y la plegaron cuando llegó el tiempo de los compromisos».

Los diputados que estaban en contra del voto femenino esgrimían que las mujeres estaban poco preparadas, que eran influenciables, dóciles, con poco criterio. Paciencia, pedían. También la pedía la otra mujer que tenía escaño en aquel Parlamento y protagonizó, junto a Campoamor, aquel debate: Victoria Kent, que consideraba que era demasiado pronto, que el sufragio de las mujeres tenía que esperar un poco más.

Las mujeres y los jóvenes daban susto a ese Parlamento, como recuerda Lafuente. Temían que los muy jóvenes se sintieran atraídos por los partidos de izquierdas, y que el voto de las mujeres beneficiara a los partidos de derechas no republicanos. Los contrarios al voto femenino pedían calma y tiempo. Spoiler: cuando se nos pide paciencia, lo que se suele querer es aplazar un marrón o esperar a que amaine la tormenta. La paciencia está muy sobrevalorada.

El sufragio femenino se acabó aprobando con 161 votos a favor y 121 en contra. «¡Viva la República de las mujeres!», escribe Lafuente que gritó con desdén uno de los diputados. Una mujer, desde la tribuna de invitados, le respondió: «¡Viva la República, que *también* es de las mujeres!».

La aplaudimos. Qué motomami.

Saltamos ahora al verano de 2022. A finales de aquel mes de junio, se celebró en Madrid la cumbre de la OTAN. Aquella reunión dejó grandes imágenes para la posteridad: la de Boris Johnson apartándose del resto de los líderes para contemplar en soledad las obras del Museo del Prado, la del primer ministro italiano, Mario Draghi, sentado solo en la esquina de un banco del museo atendiendo una llamada importante —tanto que acabó dimitiendo veinte días después— y... las tradicionales fotos de familia.

Las fotos de familia de las grandes cumbres son una buena radiografía de quién corta el bacalao en el mundo y de cuánto camino nos queda por recorrer. Hay que empezar a dar zancadas más grandes, amigas. Porque si empezábamos este capítulo hablando de la imagen de las tres *jefazas* europeas tomando café y pastas, es porque lo suyo no deja de ser una anomalía. Si en 2004 fue noticia tener un gobierno paritario, fue porque aquello era nuevo, insólito.

La cumbre madrileña de la OTAN dejó dos fotografías de grupo: la de los líderes y la de sus parejas. En la primera, en la de los que toman decisiones, posaron veintisiete hombres y cuatro mujeres (las primeras ministras de Dinamarca, Estonia e Islandia, y la presidenta de Eslovaquia). En la segunda, la de los consortes, que pasearon por lugares bucólicos y visitaron una fábrica de vidrio, eran todo mujeres menos dos hombres, el marido del primer ministro de Luxemburgo y el de la presidenta eslovaca. Sería buen material para un pasatiempo, una versión premium de la búsqueda de las siete diferencias.

Este libro trata sobre nuestra inseguridad. De las dudas que albergamos sobre nosotras mismas. Del miedo, del pánico a alzar la voz, de exponernos, opinar, destacar. Y de cómo hemos aprendido a cuestionar nuestra valía en la mejor universidad que existe: el mundo. Un mundo que durante siglos nos ha enseñado que nuestro papel era secundario, discreto, silencioso. Que nuestro rol era ayudar, servir, estar a la sombra. Que los que toman decisiones, mandan y ejercen el poder son otros. Que los que tienen el derecho a ocupar el espacio público, a opinar y a posar en la foto de grupo en traje y media sonrisa, son ellos. Que nosotras no sabemos, no servimos para esto, no nos corresponde, no nos toca, no ahora, ni luego, ni después. Paciencia, señoritas, ahora no nos molesten, por favor.

Algunas fotos nos chirrían ya. Los señores que deciden nos agotan, porque tiñen la vida de blanco y negro, huelen a antipolillas. Hay que ventilar. Y no solo los armarios. Urge que corra el aire en despachos y gobiernos, en salas de juntas y equipos directivos. Que las mujeres estemos infrarrepresentadas en las esferas de poder es vergonzante.

En 2018, se publicó en nuestro país el manifiesto *Mujeres y poder*[2], de la catedrática de Clásicas e icono feminista, Mary Beard. Volveremos a ella en próximos capítulos, pero a las que no la conozcáis, quiero presentárosla ahora. En el libro, Beard recoge los textos de dos conferencias que pronunció en 2014 y 2017 y en las que analiza los mecanismos que se usan para silenciarnos y el modo en el que se nos aísla de la toma de decisiones y de los centros de poder.

En el segundo de los textos, titulado «Mujeres en el ejercicio del poder», la historiadora escribe: «Por más que retrocedamos en la historia occidental, vemos siempre una separación radical —real, cultural e imaginaria— entre las mujeres y el poder». Señala Beard que nuestro modelo cultural y mental de persona poderosa es siempre masculino. Basta con cerrar los ojos e imaginar a alguien con poder. Las mujeres, añade, somos percibidas siempre como elementos ajenos al poder y se concibe que las que llegan a ocupar un alto puesto están «derribando barreras o apoderándose de algo a lo que no tiene derecho». Subrayemos en fosforito el párrafo en el que dice: «Hemos de reflexionar acerca de lo que es el poder, para qué sirve y cómo se calibra, o dicho de otro modo, si no percibimos que las mujeres están totalmente dentro de las estructuras de poder, entonces lo que tenemos que redefinir es el poder, no a las mujeres».

Una de las mejores cosas de Beard es la manera en la que contrapone el presente con el mundo clásico. Porque, como afirmó en su discurso en la ceremonia de entrega del Premio Princesa de Asturias de las Ciencias Sociales, en 2016, «la historia no es un libro de respuestas sobre los problemas actuales, pero sí nos enseña respecto a nosotros mismos». Y si en algo se ha esforzado el mundo a lo largo de los siglos es en dejarnos bien claro que los términos «mujer» y «poder» son un oxímoron.

Cuenta Beard como en el imaginario griego las mujeres poderosas siempre fueron tratadas como usurpadoras. Al poder las mujeres acceden ilegítimamente provocando el caos, la fractura del Estado, la muerte y la destrucción.

Con este currículum, quién no nos querría en su equipo. «Provocando el caos y la destrucción desde el siglo iv a.c.» podríamos poner en nuestro perfil de Linkedin.

A pesar de nuestra mala fama —gracias, Esquilo— la igualdad de género es uno de los Objetivos de Desarrollo Sostenible de la ONU para 2030 (¿escucháis el tictac?). Solo 22 países del mundo tienen jefas de Estado o de Gobierno y 119 países nunca han sido presididos por mujeres, según los datos de la organización[3], que calcula que, a este ritmo, la igualdad de género en las más altas esferas de decisión no se alcanzará hasta dentro de 130 años. Es el momento de redactar una carta para nuestras bisnietas y enterrarla en una cápsula del tiempo. Recordad escribir con buena caligrafía un: «Y cuéntame, niña, ¿qué tal eso de la igualdad? ¿Se cumplió?».

Los datos de la ONU recogen también las carteras que suelen ocupar las mujeres que llegan al cargo de ministras. Venga, va, girad el libro y escribid vuestras apuestas en un papel. No hagáis trampas. *Gutiérrez, que te veo.*

¿Listas? Allá va: las cinco carteras ministeriales más comúnmente ocupadas por mujeres son las relacionadas con familia, infancia, mayores y discapacidad, seguidas por asuntos sociales, medio ambiente, empleo e igualdad.

¿Qué? ¿Ibais bien encaminadas?

El poder está en los gobiernos y en los parlamentos, pero ya sabemos que también en las grandes empresas, como, por ejemplo, las del IBEX 35. ¿Cuántas mujeres ocupan el mejor despacho en las 35 empresas españolas más importantes? En verano de 2022 eran solo cinco. Dos de ellas por haber heredado la empresa familiar.

Como se suele decir, la meritocracia son los padres.

Pero tranquilas, no os impacientéis. Quizá las *jefazas* lleguen también dentro de 130 años. Qué estrés el de nuestras bisnietas, qué empacho de poder, así, todo junto. En cuanto a nosotras, bah, ¿qué es un siglo y pico en la historia de la humanidad? Nada y menos. Una motita de polvo. La cabeza de un alfiler. Una menudencia sideral. Un puntito microscópico. No os enfadéis.

Que no, que es broma. Gritemos hasta quedar afónicas.

¿Cómo se aprende a mandar? ¿De quién? Escribía Beard: «No tenemos ningún modelo del aspecto que ofrece una mujer poderosa, salvo que se parece más bien a un hombre. La convención del traje pantalón, o como mínimo de los pantalones, que visten tantas líderes políticas, desde Angela Merkel hasta Hillary Clinton, puede ser cómoda y práctica. Esta forma de vestir puede que sea indicativa del rechazo a convertirse en un maniquí, destino de muchas de las esposas de los políticos, pero también puede que sea una táctica —como la de bajar el timbre de la voz— para que las mujeres parezcan más viriles y así puedan encajar mejor en el papel del poder».

A un hombre le vale un *excelentísimo* precediendo su nombre en una tarjeta de visita, pero una mujer debe serlo y parecerlo, está siempre sometida a escrutinio. Recordad que a algunos casi les dio un síncope cuando en agosto de 2022 se filtraron unas imágenes de la primera ministra finlandesa, Sanna Marin, divirtiéndose en una fiesta con amigos. ¿Una mujer joven, con poder y encima pasándoselo bien? ¡A la hoguera!

A falta de *background*, las mujeres han tendido a mandar al modo de los hombres, es decir, intentando que no se les note demasiado que lo son. Quizá eso explica que la inmensa mayoría de las mujeres con cargos políticos de responsabilidad que han sido madres durante el ejercicio de su cargo, no han agotado sus bajas de maternidad.

En 2008, la ministra socialista de Defensa, Carme Chacón, se reincorporó al trabajo a los 42 días del parto, y cedió la baja maternal a su pareja. Tres años más tarde, en no-

viembre de 2011, la entonces «número dos» del PP, Soraya
Sáenz de Santamaría, volvió a trabajar once días después de
parir. En 2015, la presidenta andaluza en aquellos momentos, Susana Díaz, regresó a sus funciones a las seis semanas
de ser madre por primera vez. Ya en 2019, Begoña Villacís
fue candidata de Ciudadanos al ayuntamiento de Madrid estando embarazada. Salía de cuentas en plena campaña elec-
toral y su hija acabó naciendo una semana antes de las elecciones municipales en un parto programado. Era su tercera
cesárea y así se lo recomendaron los médicos, explicó.

¿Está bien o mal? Pues depende. Lo que se elige libre-
mente, bien está. Pero, en estos casos, muchas mujeres echamos de menos un guiño, una pizca de ejemplaridad. Porque
si las que tienen grandes responsabilidades políticas no se
cogen la baja, el mensaje que muchos reciben es que el permiso de maternidad no es *tan* importante, que, en el fondo,
las hay que pueden permitirse quedarse dieciséis semanas
en casa y las hay que no. Que una vicepresidenta, una ministra o una presidenta autonómica se quedaran unos meses junto a sus bebés sería activismo del bueno: ¿Lo veis?,
estarían diciendo al mundo, he tenido un hijo y ahora me
necesita. Pero esto no me hace menos profesional, no resta
mis ganas, mi compromiso ni mi ambición. Simplemente,
ahora me toca estar con él. Después volveré y me las apa-
ñaré como pueda con la conciliación. Como vosotras, ni
más, ni menos. Puede que así os entienda *tanto* que pueda
defenderos mejor.

Siendo alcaldesa de Barcelona, en 2017, Ada Colau se
cogió el permiso maternal, aunque no desapareció del todo.
Colau adaptó la agenda con la intención, explicó en su momento, de seguir participando en los plenos y asistiendo a
actos o reuniones en los que era importante su presencia.

Las mujeres jefas también han tenido un único modelo:
la manera de mandar de los hombres. En el libro *Atrévete a*

hacer las cosas a tu manera. La revolución del liderazgo de las mujeres[4], la escritora y editora Iolanda Batallé Prats escribe: «Las mujeres tenemos tanta capacidad de empatía que a menudo nos parecen brutalmente inhumanas las condiciones de trabajo en las que los hombres deciden trabajar, unas condiciones en las que la competitividad, el individualismo, la amenaza, la crueldad o el maximalismo son la norma». Y añade: «Cuando las mujeres trabajamos emulando a los hombres dentro de una lógica forjada a su medida, nos estamos amputando una parte de nosotras mismas. Así, hasta hoy, la mayoría de las líderes son mujeres que han aprendido a hacer de hombres mejor que otros hombres. He conocido bien a algunas y les tengo un gran respeto [...] He aprendido que también nos podemos permitir la inmoralidad de ser crueles, arrogantes, ofensivas o muy poco elegantes si creemos que hay un objetivo último que lo merece [...] Por supuesto que podemos ser y hacer todo eso, pero ¿podemos ser y hacerlo de otra forma? ¿Podemos liderar con éxito una organización compleja respetando nuestra sensibilidad, nuestros sentimientos y siendo quienes realmente somos?».

La forma mayoritaria de mandar de la mujer que ha llegado a tener un despacho, ha tendido a ser una imitación de la masculina. Fuera tonterías, que no digan. Es más frecuente ver dibujos de trazo infantil y fotos enmarcadas de niños sonrientes en los despachos de los jefes que de las jefas. Ellos se lo pueden permitir. ¿No es acaso *super* adorable un *padrazo*? Fíjate, que hasta los baña, les pone el pijama y los lleva al pediatra. Aplaudámoslo, coreemos su nombre, manteémoslo en el *office*, preguntémosle en la cena de Navidad qué se han pedido sus niños para Reyes.

Pero las mujeres jefas han aprendido, y sus motivos tendrán, que las ñoñerías no cotizan, que los dibujos de sus hijos decorando el corcho de su despacho puede restarles puntos, que las fotos de sus niños las hacen apestar a madre. Mirémosla con resquemor cuando se va a las cinco a una función escolar, juzguémosla en silencio si ayer llegó tarde porque vuelva a tener al crío enfermo, recriminémosle en la cena de Navidad que cada año se va la primera arguyendo que la canguro se tiene que ir a medianoche. Son tan serias, tan estiradas, tan siesas. Nada nuevo bajo el sol, amigas. Ellas además de ser eficientes tienen que aparentarlo. Siempre serán juzgadas con más dureza. Porque no es su sitio. Porque no les corresponde. Ya nos lo advirtieron los griegos.

15

LAS MUJERES EN LA FICCIÓN

Aquella niña que desayunaba tartas de nata, era la dueña de un caballo a topos e invitaba a todos los críos del pueblo a golosinas y juguetes me volvía loca. No, no tenía una vida perfecta (la madre muerta, el padre ausente) pero tampoco normas, horarios ni deberes. La suya era una libertad envidiable. Decidía por sí misma, tenía independencia económica gracias a un maletín lleno de monedas de oro, no conocía el miedo y era la mejor amiga que una pudiera imaginar: divertida, valiente y locatis.

Nunca he vuelto a idolatrar a un personaje de ficción con más fervor que a Pippi Calzaslargas.

Pero aquella mocosa pelirroja era una rareza en la tele de mi infancia. Algo se estropeaba al crecer, porque todo lo que Pippi había logrado en sus pocos años de vida estaba a años luz de lo que les ocurría a las mujeres jóvenes y adultas en el resto de la ficción. Las películas estaban habitadas por tipas que buscaban el amor con una desesperación rayana en lo enfermizo. También las había de pérfidas, egoístas, tontas, decrépitas.

La generación de mujeres que fuimos niñas con la tele ya bien instalada en el salón de casa —en familias en las que nos mandábamos callar unos a otros según lo que se estuviera emitiendo en aquel momento— nos tragamos, y de qué manera, la propaganda principesca de Disney. Las películas animadas de nuestra infancia nos dibujaban un mundo hostil habitado por dos tipos de mujeres: las buenas y las malas, es decir, las víctimas y las villanas. Las buenas acostumbraban a ser muchachitas inocentes a las que su ingenuidad les jugaba muy malas pasadas. Pero no había de qué preocuparse. Cualquier desgracia, bruja o madrastra tenía arreglo gracias a la aparición estelar de un hombre dispuesto a salvarlas. A veces de manera delictiva, sí, léase besándolas en estado de inconsciencia, pero las cosas *regulinchis* del amor romántico acababan valiendo la pena, porque el final lo justificaba todo.

El amor te salvaba la vida si te esforzabas lo suficiente. El esfuerzo podía consistir en darle un beso de tornillo a una bestia peluda y arisca, en renunciar a tu cola de sirena o en irte de la fiesta justo cuando empezaba lo mejor, porque a medianoche, chas, tu outfit se convertía en un harapo. Si tenías paciencia, estómago y temple, tus sueños, princesa, se harían realidad.

Claro que nunca supimos qué sucedía después, una vez que a los tortolitos se les pasaba la tontería y empezaba la convivencia. Comieron perdices, nos decían, como si aquello fuera el colmo de la felicidad conyugal. Lo cierto es que esos rubiales con ínfulas tenían toda la pinta de espachurrarse en el sofá, dejar el cerco del botellín de cerveza en la mesa supletoria de cristal y llamarte «mamá» en público. No olvidéis nunca que es preferible comer espinacas en soledad que aves de caza con un impresentable.

Aquellos crípticos finales felices fueron nuestro biberón de la ficción. Crecimos mecidas con el soniquete del amor romántico. Los pañales de nuestra educación sentimental apestaban a justificación de los celos, del sufrimiento por amor, del quien bien te quiere te hará llorar.

El cine trató de enseñarnos que las mujeres ambiciosas terminaban solas y arrepentidas, que había que enamorarse y casarse cuanto antes si una no quería parecer defectuosa, que teníamos que esforzarnos por ser guapas y estar delgadas. Las chicas listas, las mujeres solteras y las que ponían demasiado interés en triunfar en su vida profesional estaban equivocadas. Tenían que darse cuenta y cambiar, ser normales. A las listas les bastaba un cambio de look para tener claras sus prioridades (solía ser suficiente con unas lentillas y una tarde en el centro comercial), a las solteras un tipo del que acabar enamorándose tras un periodo de odio mutuo (hola, Sandra Bullock) y, a las obsesionadas con su trabajo, nada como un despido imprevisto para entender que habían invertido demasiadas energías en un sueño estéril (recordad aquellas escenas de mujeres saliendo alicaídas por la puerta giratoria de un edificio de oficinas con una caja de cartón de la que sobresalía una taza de café y un flexo).

Ser chica te condenaba a ser un personaje secundario. Éramos poco interesantes y, por lo tanto, carecíamos de importancia, de protagonismo, de voz. No teníamos una historia propia, nuestras vidas, por sí solas, eran sosas e insustanciales.

Las de ellos, en cambio, eran merecedoras de ser contadas. Los hombres eran protagonistas de pleno derecho. *Cualquier* hombre. Aventureros, hombres de acción. Policías buenos y malos, detectives, espías. Niños, adolescentes, ancianos. Rebeldes, genios, discapacitados, psicópatas, locos, suicidas. Guerreros galácticos, soldados, políticos, presidentes de Estados Unidos. Periodistas, amantes, gigolós, perdedores, alcohólicos. Cazadores de replicantes, superhéroes, matones, mafiosos, gánsteres, forajidos, atracadores, exconvictos. Boxeadores, jugadores de béisbol, enfermos terminales. Pobres, trabajadores, millonarios. Muertos, vampiros y fantasmas. Hasta un cowboy y un astronauta de juguete podían protagonizar sus propias historias. Si eras hombre podías llegar *hasta el infinito y más allá*. Teníamos que acabar empatizando con sus historias, sus problemas, sus argumentos. Entendimos que *sus* historias eran *nuestras* historias. Porque, muchas veces, donde costaba reconocerse era en aquellas que protagonizábamos nosotras. Solían pecar de simplonas y caían siempre en los mismos tópicos.

En 1990 se estrenó *Pretty Woman*. Es la película de los años noventa por antonomasia. Una historia que reformula el clásico cuento de hadas al estilo Cenicienta —príncipe salva a muchacha en apuros—, convirtiendo al príncipe en un millonario adicto al trabajo y a la chica en una prostituta callejera. La película se ha emitido en la tele casi cuarenta veces. En su estreno en abierto, en La 1 de TVE el año 1994, congregó a más de nueve millones de espectadores. En sus múltiples reemisiones siempre consigue buenos datos de audiencia. La historia se esfuerza en intentar dulcificar a los personajes. Él es un putero, sí, pero circunstancial, lo acaba siendo casi, casi sin querer. Es la chica la que se presta a ayudarlo, porque él ni sabe llegar al hotel en el que se hospeda ni consigue conducir el Lotus de su amigo. Nunca ha ido de putas antes, es educado, respetuoso y, además, pobrecito, ha tenido muy mala suerte en el amor. Y ella sí, vale, es una prostituta, pero tiene sus principios. El principal: nunca besa en la boca a un cliente. Así que respirad tranquilas.

De ella sabemos poco más. Por lo que deducimos a través de lo que le cuenta a él, ha tenido una infancia humilde, una juventud con tendencia a enamorarse de los malotes del vecindario y una acumulación de trabajos precarios con los que no alcanzaba a pagar facturas. Vivian, que así se llama, empieza la película siendo vulgar y mal hablada, y en un tiempo récord, consigue refinarse y convertirse en el colmo de la elegancia. Es, también, muy aniñada. La primera noche que pasan juntos, él, al que suponemos cuarentón, se derrite cuando la ve tumbada en el suelo, mirando una comedia antigua y partiéndose de risa como una cría pequeña.

Red flag.

La película, ya sabéis, tiene *happy end.* Vivian deja la marginalidad y consigue lo que quería, el cuento de hadas con el que soñaba cuando de niña su madre la encerraba por portarse mal. No hay más. Para ser feliz era suficiente con domesticarse. Como le dice Edward en un pretendido piropo: «Cuando estás quietecita eres preciosa... y muy alta».

El viejo truco de siempre. Qué guapas estamos quietas y calladas.

En el libro *Abre los ojos*[1], la periodista especializada en cine Pepa Blanes disecciona algunas series y películas para entender el mundo. *Pretty Woman* es una de ellas. Sostiene Blanes que esta película es todo un manual de clasismo: el hombre rico que reeduca a la mujer humilde con noches de ópera, restaurantes caros y *shopping* de lujo en Rodeo Drive. La pule, la mejora, la convierte en válida. El dinero y el amor todo lo pueden. Lo del amor como tabla de salvación, el abracadabra de nuestras vidas, es la esencia de la película.

Como explica Blanes, el cine contribuye a fijar modelos de comportamiento en nuestro día a día. En *Pretty Woman*, escribe, «ella y él se han enamorado de verdad y eso puede con las diferencias de clase y con los problemillas morales, por supuesto. Así que, gracias a ese flechazo, consigue cambiar de una vida en los márgenes a una vida llena de joyas, ropa cara y fiestas en el hipódromo. Sin embargo, nada se dice de los gustos de ella, si finalmente, como apuntan unas líneas de diálogo, estudiará en Los Ángeles. Simplemente se ha convertido en acompañante, pero ahora ya no cobra por ello, porque ahora está el amor».

Vi *Pretty Woman* por primera vez sentada en una silla de plástico en el cine de verano de un pueblo de Granada al que fuimos de vacaciones. Era una niña y no me cuestioné nada de esto. Lo que yo vi fue una historia bonita en la que triunfaba el amor. Maldita sea, al final se besaban en una escalera de incendios, sonaba ópera y el chofer de la limusina sonreía entusiasmado, ¡el amor era la leche! Te levantabas un día con una vida de mierda y acababas seis días después siendo la novia de un tipo que, ante la duda de tus apetencias, pedía al servicio de habitaciones cruasanes y tortitas para desayunar. Que todo aquello del final feliz era una patraña se descubría sumando años y desengaños. El cine crea, preserva y normaliza roles, estereotipos y modelos de conducta. Las niñas de los noventa estábamos convencidas de que el amor era *el* final feliz. Te enamorabas, sufrías un poco y al final acababas diciendo «sí, quiero». Planteamiento, nudo y desenlace. Pim, pam, pum.

¿Qué pasó con Vivian? Quién sabe. Supongo que las niñas que fuimos imaginábamos que tras los créditos se casaban, tenían niños y pasaban a ser uno de aquellos matrimonios que salen a cenar fuera una noche a la semana. Las que somos ahora querríamos saber, entre otras tantas cosas, si ella logró tener una vida propia o si se conformó con hacer nudos de corbata y ponerse vestidos bonitos de vez en cuando.

Los noventa fueron años de «sex symbols» (Sharon Stone, Kim Bassinger, Pamela Anderson, Cameron Diaz, Demi Moore, Michelle Pfeiffer) y de supermodelos (Claudia Schiffer, Cindy Crawford, Naomi Campell o Elle Macpherson). Fue una época obsesionada con la belleza femenina y lo sexy, los años del cruce de piernas de *Instinto básico,* los planos de la vigilante de la playa trotando en bañador rojo, el estriptis de *9 semanas y media.*

Al final hablamos siempre de lo mismo. De mujeres peligrosas, *femmes fatales*, objetos sexuales. Del establecimiento, mediante la ficción mainstream, de toda una serie de mitos de la ficción que crearon otros de muy peligrosos, como el de que la mujer siempre desea, aunque se niegue, que, pronunciado por nosotras, el *no* es un adverbio ambiguo y que siempre hay que insistir. Es espeluznante lo implantada que ha estado en la sociedad la creencia de que las mujeres cuando dicen que *no* es que *sí*. Que un *no* es la respuesta que se obtiene cuando no se ha insistido lo suficiente, una respuesta transitoria.

Los hay que aún lo creen.

A finales de aquella década y especialmente a principios de los 2000, proliferaron las películas y las series que, aunque pretendidamente nos ponían en primer plano y rompían estereotipos, lo hacían de manera discutible.

En el año 2001 llegó a los cines la película *El diario de Bridget Jones*, basada en una exitosa novela homónima de Hellen Fielding publicada unos años antes. La protagonista es una chica inglesa que inicia la escritura de un diario con varios propósitos, entre ellos, y, sobre todo, perder peso y encontrar novio. Aparentemente, Bridget es una treintañera con una vida plena: trabaja, vive sola, tiene amigos, se acuesta con quien quiere... También es impulsiva, mete la pata a menudo y tiene una facilidad pasmosa para poner a prueba su sentido del ridículo. El gran problema de Bridget es que su felicidad depende exclusivamente de reducir su talla y de que alguien la elija y la quiera. Da igual si es un tarambana de ojos azules o un soporífero abogado de prestigio. Ser soltera la hace parecer un bicho raro, un caso perdido, en las cenas las parejas la miran con compasión. La soltería a los treinta y el sobrepeso se caricaturizan como la peor de las desgracias. Una vida plena pasa por caber en una 38 y dormir abrazada a alguien en una cama de matrimonio.

La comedia fue un éxito de taquilla y se rodaron la segunda y tercera parte. Por supuesto, Bridget acababa, tras tropecientas desventuras, con el pack completo: cuerpo normativo, bebé y pareja.

Un par de años antes de que Bridget Jones se avergonzara de su cuerpo en la gran pantalla, en junio de 1998, se emitió el primer capítulo de *Sexo en Nueva York* en HBO. La serie la protagonizaba Carrie Bradshaw —escritora, *fashion victim* y autora de una columna sobre sexo en un periódico neoyorkino— y sus tres mejores amigas: Miranda, Samantha y Charlotte. *Sexo en Nueva York* se presentaba como una serie modernísima porque las amigas estaban solteras, eran independientes, tenían citas y hablaban sin tapujos sobre sexo. Fue todo un éxito y casi todas nos tragamos el cuento de serie para mujeres reales, de que al fin la ficción nos hablaba *a* nosotras, y que, también por fin, se ponía en primer plano nuestro deseo sexual y abandonábamos la triste condición de meros objetos de deseo.

Pero tras todo ese envoltorio brilli-brilli de mujeres libres, independientes y empoderadas había ciertos *problemillas*. Los describe bien la periodista colombiana Juliana Abaúnza en *Series largas, novios cortos*[2], un libro en el que analiza, desde la experiencia personal, algunos títulos de ficción, entre ellos, *Sexo en Nueva York*. Para empezar, y pese a la intención de que cualquier mujer pudiera sentirse identificada con alguna de las protagonistas (la urbanita, la sexy, la lista, la tradicional), las cuatro eran unas privilegiadas. También jóvenes, solteras e independientes. Al menos, al principio. En la sexta temporada, la protagonista, Carrie, se iba a vivir a París con un novio del que no estaba enamorada y es entonces cuando su gran amor imposible acude al rescate. Escribe Abaúnza: «Así, después de ser un hijueputa con ella durante años, Big tuvo por fin una epifanía y se dio cuenta de que Carrie era la mujer de su vida y después de seis temporadas de ires y venires, Carrie terminó la serie en los brazos del hombre con el que siempre estuvo obsesionada».

La serie tiene otros defectos (la poca diversidad racial, la ignorancia total sobre temas LGTBIQ+), pero el peor, para Abaúnza, es «la celebración del consumismo desenfrenado». Para ella, la serie vende un modelo de vida patriarcal y capitalista disfrazado de empoderamiento y feminismo. Señala: «*Sex and the City* parece gritar que, para ser una mujer moderna y liberada, tienes que disfrutar las cenas caras en restaurantes populares y las tandas de cócteles con amigas y un clóset lleno de objetos que se supone que te van a traer felicidad».

A la ficción le ha costado mucho tomarnos en serio. Si fuera una malpensada, ay, pensaría que han empezado a interesarse por nuestras *cositas* cuando se han cansado de las suyas.

Pero, ¿cómo separar el grano de la paja? ¿Es lo mismo una película en la que *aparecen* mujeres que una película *sobre mujeres*?

El test de Bedchel es una manera bastante efectiva para poner a prueba el cine. Son tres preguntas para saber el peso de los personajes femeninos en una película. El test nació en 1985, en una tira cómica de la historietista estadounidense Alison Bechdel, autora del cómic lésbico *underground Dykes to Watch Out For* (traducido en español como 'Unas lesbianas de cuidado'). En la tira en cuestión, inspirada en una amiga de Bechdel, una mujer propone a otra ir al cine y comer palomitas, y la otra le responde que ella solo va a ver una película si esta cumple con tres requisitos básicos: uno, si hay al menos dos mujeres que, dos, hablen entre ellas de algo que, tres, no sea un hombre. Ante la sorpresa de la otra, la mujer le dice: «No es broma, la última peli que pude ver fue *Alien*». Acaban decidiendo ir a comer palomitas a casa.

Nacido con vocación irónica, el test ha acabado por popularizarse como una herramienta informal para medir la representación femenina en una película. No es infalible, ojo, pero es alucinante la cantidad de películas en las que no se cumplen unos requisitos tan mínimos como que aparezcan dos personajes de mujeres con nombre (es decir, que tengan cierto recorrido, cierta entidad), que estas dos mujeres hablen entre ellas y que al menos una (¡una!) de sus conversaciones no verse sobre un hombre.

Según un análisis de la BBC en 2018[3], menos de la mitad de los films elegidos hasta entonces como mejor película en los Oscar superaban el test de Bedchel. La de los setenta fue la peor de las décadas analizadas —solo una de las películas oscarizadas, *Annie Hall*, pasó la prueba— y la de los noventa fue la mejor; siete de las películas premiadas aprobaban el test (entre ellas *El silencio de los corderos* y *El paciente inglés*).

Las historias masculinas aspiran a ser universales, a interpelarnos también a nosotras. Pero las protagonizadas por mujeres se ven como historias para nosotras, películas *de* mujeres. La cineasta Leticia Dolera lo contaba así en su libro *Morder la manzana*[4]: «Cuando tuve una versión de guion de mi primer largometraje que me parecía lo suficientemente sólida, empecé a buscar coproducción para el mismo. Como es natural, recibí varios noes en diferentes despachos, pero en dos de ellos me sorprendió el motivo del rechazo. No se trataba de una cuestión de interés, sino de género, y no me refiero al cinematográfico. Me dijeron que les había gustado la historia, pero que ya tenían una peli de mujeres [...] Empecé a hacerme preguntas. Si ya tenían una "peli de mujeres" y por eso no querían otra, ¿cuántas pelis de hombres tenían? ¿Todas las demás? ¿Cuántas pelis de hombres y cuántas de mujeres se puede permitir una productora?».

Por lo visto, hay un tope de historias de mujeres que un hombre puede soportar. Y no solo en el cine. La historia de la literatura universal es, al fin y al cabo, la historia de hombres contándonos sus movidas. Muchos de ellos de forma magistral, sí, pero son *sus* movidas. En las tragedias griegas, en la Biblia, en los clásicos. Las lectoras nunca nos hemos quejado. Porque la lectura está por encima de eso, leer consiste en meterse en la piel de otros y ver el mundo desde los ojos del narrador. A ellos no les pasa, los datos son claros al respecto. Y ante el boom de la ficción escrita por mujeres, rebufan. Es increíble cuánto desdén pueden contener las palabras *autoconfesional* y *autobiográfico* cuando se usan como insulto. En igualdad de condiciones de talento, un hombre que construye literatura con sus miserias diarias es un genio y una mujer tiene muchos números para ser calificada de plasta. Otra novela sobre una mujer de mediana edad que nos cuenta su desencanto vital es motivo de hartazgo. Una nueva novela sobre un cincuentón recién divorciado que anda desnortado es un hallazgo.

¿Ha habido cambios en el cine? ¿Hemos dejado de ser personajes de segunda? Sí, los hay. Por supuesto. Hemos ganado enjundia. Por lo visto, en algún momento, alguien debió descubrir que somos territorio ignoto, parcela urbanizable, una vía por explorar. A por ellas, debió decirse.

Un estudio de 2017 de la AISGE, la entidad que gestiona en España los derechos de propiedad intelectual de los actores, dobladores, bailarines y directores de escena, analizó, por petición de la Unión de Actores y Actrices, los más de 300.000 personajes aparecidos en casi 400 películas y 16.377 episodios de series españolas de 2014 a 2016. Los resultados señalaban que solo el 38 % de los personajes de cine eran mujeres. En la tele el porcentaje subía al 44,7 %. Con la edad, oh, sorpresa, la cosa se complicaba. Las mujeres de más de 45 años solo sumaban el 19 % del total.

El cine ha ignorado durante años a las mujeres maduras. Es lo que explica que Tom Cruise pudiera protagonizar la secuela de *Top Gun* a los 60, pero su *novia*, la actriz Kelly McGillis, cinco años mayor que el actor, no. Cuando le preguntaron a ella por los motivos, dijo: «soy vieja, estoy gorda y aparento la edad que tengo. Y la película no trata sobre nada de eso».

Para el cine, se es vieja poco después de cumplir los 40. ¿Podemos tener algo interesante que explicar a partir de esa edad? Ponte el delantal, hornea magdalenas y lee cuentos a tus hijos, anciana.

Al recoger, en 2020, el Premio Nacional de Cinematografía, Isabel Coixet dedicó la parte final de su discurso[5] a las mujeres cineastas que estaban empezando. Les dijo que tenía dos noticias, una mala y una buena. La mala era que tendrían que esforzarse mucho más. «Tendréis que observar mil veces más, tendréis que fijaros más, que esforzaros más, que ser mil veces más fuertes, estar mil veces más serenas, más centradas, más curtidas. Os insinuarán una y mil veces que todo lo que obtenéis es por ser mujeres, y perversamente los obstáculos que os pondrán serán por serlo», les advirtió. Y añadió: «La buena noticia, creedme, es que, por fin, en los últimos años siento que esto está cambiando, que hay un interés real por nuestra mirada, por nuestra manera de filmar y de estar en el mundo. Ha costado llegar hasta aquí. Recordad siempre a las que han abierto camino. Nunca os creáis la última coca-cola en el desierto, el último huevo duro del pícnic. Si queréis rezar a alguien, rezad a Agnès Varda. Ayudaos todo lo que podáis entre vosotras, esa es hoy por hoy, nuestra mayor responsabilidad».

Y terminó así: «Yo me esforzaré en apoyaros hasta que llegue un día en que no haga falta. Hasta ese día, abracemos juntas la niebla».

Amén.

Fundido a negro.

TERCERA PARTE

16

¡SHHH!: SOBRE APRENDER A CALLAR

Como cuenta Mary Beard en su manifiesto *Mujeres y Poder* (ya os dije que volveríamos a ella), una de las primeras mujeres a la que nos consta que mandaron callar fue a Penélope, en *La odisea*.

Pongámonos en situación. Penélope conoce a Ulises, se enamoran, se van a Ítaca pese al enfado de su padre, tienen un hijo, Telémaco, empieza una guerra y el marido se va. No un año, ni cinco, ni diez. Veinte. Dos décadas con sus días y sus noches. Imaginaos a Penélope esperando quién sabe qué, criando a un niño con sus fiebres, sus días malos y sus pataletas, siendo fiel a un marido al que todos daban por muerto, tejiendo y destejiendo para espantar a sus pretendientes. Un drama. Pues bien, esta mujer que ha sacrificado su vida y no ha hecho más que esperar, que acuñar, hora tras hora tras hora, una acepción propia del término *abnegación*, está a lo suyo un día en su habitación y escucha a un aedo en la planta baja contar una historia que a ella le suena demasiado y le pone muy triste. Así que baja y, con los ojos llenos de lágrimas, le dice al aedo: «Qué te cuesta entretener al personal con otra cosa, chato, que a mi esto me parte el alma». Y su hijo, al que ha criado ella sola (vale, sí, con la ayuda de esclavas, que es como tener a una interna pero más explotada y gratis), le suelta que ellos se están divirtiendo, que se resigne y que regrese a su cuarto. Es más, el niñato le suelta, literalmente[1]: «Vuelve ya a tu habitación, ocúpate en las labores que te son propias, el telar y la rueca, y ordena a las esclavas que se apliquen al trabajo; y de hablar nos cuidaremos los hombres y principalmente yo, cuyo es el mando en esta casa».

Vaya tela, *Pe.* Cría cuervos.

Sobre esta escena, Beard escribe: «Hay algo vagamente ridículo en este muchacho recién salido del cascarón que hace callar a una Penélope sagaz y madura, sin embargo, es una prueba palpable de que ya en las primeras evidencias escritas de la cultura occidental las voces de las mujeres son acalladas en la esfera pública. Es más, tal y como lo plantea Homero, una parte integrante del desarrollo de un hombre hasta su plenitud consiste en aprender a controlar el discurso público y a silenciar a las hembras de su especie».

Y apunta la académica algo importante para lo que aquí nos ocupa: que, a lo largo de la Historia, el discurso público y la oratoria han sido habilidades exclusivas de los hombres. Allí nosotras no pintábamos nada. No querían que pintáramos, mejor dicho.

Durante siglos se nos ha hecho saber que lo público no nos pertenecía, que en los asuntos de envergadura nuestra voz no era importante; es más, era prescindible, sobraba. Escucharnos era una molestia y una pérdida de tiempo. Nuestras reivindicaciones merecían poco más que una mirada cómplice y burlona entre *señoros*. Ya está la histérica fastidiándonos la fiesta.

¿Es raro que ahora seamos tantas las mujeres que sufrimos, o lo hemos hecho, a la hora de hablar en público, exponer nuestras opiniones y someternos a la tiranía del escrutinio colectivo?

Escribe Beard: «Para muchos, ciertos aspectos de este tradicional bagaje de criterios acerca de la ineptitud de las mujeres para hablar en público —un bagaje que, en lo esencial, se remonta a dos milenios atrás— todavía subyacen algunos supuestos sobre la voz femenina en público y la incomodidad que esta genera [...] Cuando las mujeres defienden una cuestión en público, cuando sostienen su posición, cuando se expresan, ¿qué decimos que son? Las calificamos de "estridentes"; "lloriquean" y "gimotean"».

El problema, pues, ya no es lo que decimos; también *cómo* lo decimos. De nosotras molesta todo: nuestras opiniones y nuestras quejas, pero también nuestra voz y nuestro tono. Que hayamos nacido con cuerdas vocales es un auténtico fastidio. ¿En qué estaría pensando la evolución humana cuando nos dotó de ellas? ¿No sería fantástico que, simplemente, para no dar la murga y no incordiar, careciéramos de voz? Nacer calladas. Y quietas. Bonitas y mudas. Bellas y estáticas. Como una estatua de Bernini que uno puede contemplar extasiado y alejarse, sin discusiones ni portazos, cuando ya ha tenido suficiente por hoy. Me gusta cuando callas, bla bla bla bla.

Hablando de estatuas y de Bernini. ¿Recordáis el mito de Apolo y Dafne? Apolo, guapo, joven y arrogante, se mofa de Eros que, sintiéndose humillado, urde su venganza disparando a Apolo la flecha del amor y a Dafne la del rechazo. Apolo se obsesiona con la muchacha y se convierte en un perturbado muy, muy *creepy* que la persigue enfermizamente allí donde va. Dafne, se supone que por el efecto de la flecha, aunque también podría tratarse de mero sentido común, huye de él constantemente. Acaba harta, claro, y pide ayuda a su padre, que, compasivo (dicen, aunque a mí se me ocurren calificativos mucho menos amables), la convierte en árbol. La estatua de Bernini reproduce el momento exacto en el que Apolo va a alcanzarla, pero ella ya está en plena transformación arbórea. Sin entender nada de nada, o quedándose con una moraleja del todo errónea, Apolo se hace una corona de laurel para llevarla siempre en lo alto de la cabeza como homenaje y para adornar, a partir de entonces, la cabeza de artistas y atletas laureados.

Ojo ahí. Esperad. Analicemos esto. Un tío que te da un asco que te mueres comienza a seguirte a todas horas con la excusa de estar enamorado y cuando pides ayuda, la que pringas eres tú. Es que ya te vale, pobre Apolo, con lo guapo que es y lo mucho que le gustas, ¿por qué no le das una oportunidad?

¿No os han venido a vosotras alguna vez con este discurso fétido? Con lo majo que es, con lo perdidamente loco que está por ti, ¿no podrías intentarlo, darle una oportunidad, pensártelo un poco, no te da pena? No, no, no y mil veces no.

El patriarcado ha sido nuestra escuela de silencio. Se nos puede callar de muchas formas: ignorándonos, interrumpiéndonos, también mediante la mofa, o el ataque. Los hay que en el espacio público siguen viéndonos como meras invitadas, si estamos es porque toca que estemos, qué remedio, pero es una medida forzosa, un esfuerzo, algo que se acepta sin ganas, como una reunión un viernes por la tarde o un domingo en casa de los suegros.

Por un lado, se nos ha querido obviar como personajes activos a lo largo de la Historia, como veremos en el próximo capítulo, como si hubiésemos pasado unos cuantos milenios en estado de hibernación. Por otro, hemos sido víctimas de las etiquetas. Ser mujer ha sido sinónimo de los roles de madre y de ama de casa, también de seres histéricos, retorcidos y poco de fiar.

Para el principal best seller de la literatura universal, la Biblia, nosotras lo estropeamos todo desde el principio, precisamente por hablar con la serpiente y liarla. Eva no supo cerrar el pico, abrió la boca, engatusó a su *partner en crime*, y terminamos condenadas a parir con dolor y al sometimiento a los hombres. No suficiente con eso, la Biblia se esfuerza en dejar claro a lo largo de todos sus versículos que, aunque, bueno, vale, somos hijas de Dios, pero claramente la oveja negra, las descarriadas. Se nos tacha de impuras, se nos equipara a una casa y a un buey, se nos valora por nuestra virginidad, y, sí, se nos fuerza a callar. En el Nuevo Testamento, San Pablo escribe a los Corintios que las mujeres deben guardar silencio en la iglesia, que tienen que estar sumisas y que, si tienen alguna duda, que se esperen a llegar a casa y se la pregunten a sus maridos. Es indecoroso, escribe, que una mujer hable en la iglesia.

Empezamos bien.

¿Por qué nuestra voz ha molestado tanto y siempre? ¿Qué tienen nuestras dudas, nuestras preguntas, que las hacen sistemáticamente ofensivas y fuera de lugar? ¿Qué hay en nosotras que les irrita tanto?

Desde que el mundo es mundo, o al menos desde que andamos erguidas en él, a las mujeres se nos ha pedido silencio, obediencia, abnegación, represión, fidelidad, esfuerzos. Esto explica la furia y la rabia contra todo lo que tenga que ver con lo contrario. Que alcemos nuestras voces, que pidamos, que no demos, que exijamos, que hablemos, ha sido siempre fuente de conflicto. Todos los candados que lucen, resignados, al lado del nombre de cada una de las usuarias de Twitter que han tenido que proteger su cuenta, tienen su origen en ese odio visceral hacia nuestras voces. Los hay que nos prefieren mudas y sumisas.

El desprecio hacia las mujeres está, también, bien presente en el idioma. El refranero popular se nutre de frases machistas y misoginia. Como recoge la antropóloga cultural Anna María Fernández Poncela en *Estereotipos y roles de género en el refranero popular*[2], las mujeres quedan retratadas como charlatanas, malvadas, mentirosas, inferiores y culpables de todo mal. Escribe Fernández Poncela: «Se riñe a la mujer que habla o da su opinión, cuando hay hombres presentes, dueños al parecer de las palabras, mientras que las mujeres son convidadas al silencio y a la obediencia». Entre los refranes que recoge, están: «Mujer en opinión tiene mal son», «Secreto confiado a mujer, por muchos se ha de saber», «La mujer, si gorda, es boba; si flaca, bellaca», «Niños y mujeres, dan más disgustos que placeres», «De abril y la mujer, todo lo malo has de temer», «Mujeres y manzanas, muchas podridas que parecen sanas», «Lo que la mujer no consigue hablando, lo consigue llorando».

En *Breve historia de la misoginia*[3], la escritora y crítica literaria Anna Caballé recorre el desprecio que ha sufrido la mujer a lo largo de los siglos dentro de nuestras fronteras, desde la Baja Edad Media hasta nuestros días. La lista de misóginos célebres es larga: Eiximenis, Cerverí de Girona, Alfonso X, Fray Luis de León, Calderón de la Barca, Quevedo, Gracián, Fernández de Moratín, Larra, Espronceda, Pío Baroja, Gregorio Marañón, Valle-Inclán y Umbral son algunos de ellos.

Quevedo, al que desde los pupitres de la EGB le reíamos las gracias por trolear a una reina coja y por convertir en soneto la burla a la nariz de Góngora, fue un misógino de aúpa. En su soneto «Inconvenientes de las mujeres»[4], escribe:

Muy buena es la mujer si no tuviese
ojos con que llevar tras sí la gente,
si no tuviese lengua maldiciente
si a las galas y afeites no se diese.

Si las manos ocultas las tuviese,
y los pies en cadenas juntamente,
y el corazón colgado de la frente,
que en sospechando el mal se la entendiese.

Muy buena, si despierta de sentido;
muy buena, si está sana de locura;

buena es con el gesto, no raída.
Poco ofende encerrada en cueva oscura,
mas por mayor gloria del marido
es buena cuando está en la sepultura.

Aquí Quevedo da un paso más. Ya no quietecitas y calladas, ya directamente muertas. Ahí sí que molestamos poco. Ahí sí que, al fin, dejamos de ser una molestia.

En el siglo XVIII, escribe Caballé, se debate la presencia de las mujeres en los espacios públicos. «Es el siglo de la Ilustración, el que marca el punto de inflexión entre los antiguos prejuicios sobre la inferioridad de la mujer y sus nuevas exigencias en todos los ámbitos vitales». La sátira hacia la mujer se focaliza a partir de entonces en determinadas mujeres, aquellas que aspiran a ocupar roles y privilegios que nunca les han pertenecido. A ellas se las responsabiliza de la decadencia de las costumbres.

En el siglo XIX los ataques contra la mujer dan un giro. Explica Caballé: «Si en la Edad Media y hasta Gracián o Quevedo la mujer puede ser vista por los misóginos como un ser inferior, débil, pecador y astuto al que el varón necesita para satisfacer la llamada de la carne, pero que se invita a despreciar por su grado de concupiscencia, lascivia y perversidad, en el XIX la mujer pasa al otro extremo de la valoración: de ser impura, indolente y transmisora de enfermedades, una fierecilla que hay que enderezar, ha pasado a convertirse en la mascota imprescindible del hogar. Sin ella, sin su colaboración a todos los niveles de la vida doméstica, no hay verdadero hogar (burgués), pues en la mujer debe recaer el cuidado de los padres, incluso de los suegros, del marido y de los hijos. Y por supuesto, el cuidado exigente de la casa. Por ello, la argumentación se desplaza: de negativa y hostil la mujer deviene objeto (y víctima) de un nuevo y necesario arquetipo».

De brujas a cuidadoras. De fieras peligrosas a gatitas con arenero.

Y con ello llegamos al siglo xx. Y entra en juego el miedo a que las mujeres reclamen lo que es suyo: derechos, libertad, igualdad. Es el miedo al feminismo.

El franquismo supuso para las españolas bajar al último piso del sótano de un pozo oscuro. Las mujeres éramos para el régimen objetos estúpidos que parían, criaban, cocinaban y obedecían.

Como escribe Isaías Lafuente en *Agrupémonos todas*[5], un libro donde repasa la lucha de las españolas por la igualdad: «Desde la escuela, ninguna mujer española tenía la más mínima duda del papel que le correspondía desempeñar en la sociedad. La vida *normal* solía discurrir por los caminos del convento o del matrimonio. Y quizá por eso los modelos oficiales de mujer iban desde santa Teresa a Carmen Polo, pasando por la reina Isabel la Católica que, en definitiva, puso una vela a Dios y otra al matrimonio [...] Las mujeres casadas en España se convertían de inmediato en "señoras de" y, cuando morían sus maridos, se convertían en "viudas de", un rastro de posesión del hombre sobre la mujer que permanecía de por vida».

La manera más eficaz para amargarle a mi abuela la sobremesa era que saliera el rey por la tele. Era muy roja y muy republicana. La enterramos envuelta en la bandera tricolor. La *iaia* era una mujer fuerte y con carácter, que arrastró durante toda su vida el trauma de la guerra (el padre preso, los hermanos muertos, la infancia truncada, el miedo) y que, con poca perorata y mucho ejemplo, nos enseñó lecciones valiosas: la importancia de tener principios, a desconfiar de las derechas y a no ir por casa en pijama, nunca, jamás, después de las diez de la mañana.

En su casa tenía dos ejemplares de una casposa colección llamada «Enciclopedias de la vida práctica», uno dedicado a las amas de casa y otro a la belleza y el bienestar. No sabemos cómo acabaron en sus estanterías, quizás alguien se los regaló pensando que serían otra cosa. Los manuales se editaron a principios de los años sesenta, se autodenominaban modernos y eran una versión adaptada de una colección francesa. A mí me alucinaba hojearlos de niña tumbada en el suelo del comedor de su casa, mientras esperaba a que las paredes retumbaran cuando pasara el siguiente tren de cercanías. Estas *enciclopedias* te enseñaban a ser una mujercita fetén. El dedicado a las amas de casa te ilustraba en el arte de limpiar las manchas de los trajes, de preparar meriendas lustrosas con amigas, de hacer una maleta, organizarte con el presupuesto familiar o lidiar con la fatiga propia de pasarte el día dedicada a las tareas domésticas (spoiler: bastaba con tomar de vez en cuando un terrón de azúcar o una cucharadita de miel).

Una buena ama de casa tenía que saber emplear el tiempo de manera racional. La enciclopedia te daba algunas pautas para llegar a todo. Por la mañana, tras el aseo y el desayuno: hacer las camas, arreglar la casa. Por la tarde: fregar los platos, lavar, planchar. Por la noche: fregar los platos de la cena, limpiar el calzado, cepillar las ropas, preparar lo necesario para el colegio de los niños y la camisa limpia del marido. A las madres con bebés, se les recomendaba organizar su jornada alrededor de las tomas de biberón: entre el primero y el segundo, ponerse guapas, limpiar pañales y preparar las cosas del colegio de los hermanos mayores; entre el segundo y el tercer biberón: comprar, cocinar, hacer las camas, primera fase de arreglo de la casa. Y así hasta el último biberón del día. Tentador, ¿eh?

Si este era oro puro, qué decir del otro, el dedicado a estar guapas y sentirnos bien (o al menos parecerlo, que eso era lo realmente importante). El manual daba mucha importancia al encanto femenino. En uno de los capítulos se refiere a, ¡tachán!, nuestra inteligencia. Abramos comillas y que sea lo que Dios quiera:

«¿Contribuye la inteligencia al encanto femenino? No, responden los partidarios de la "mujer-niña". Sí, responden los hombres más serios, los psicólogos y los psiquiatras. Pero solamente si esa inteligencia se queda en específicamente femenina, de naturaleza diferente a la inteligencia masculina. Un gran número de mujeres muy inteligentes, muy "intelectuales", que han cursado estudios superiores en escuelas de "hombres", en los mismos bancos que los estudiantes masculinos, rehúsan admitir esa noción de inteligencia específicamente femenina. Son ellas las que se equivocan. La mujer que se arriesga por ese terreno tradicionalmente viril es tratada virilmente, y tanto más cuanto más a gusto se encuentre en él. Resulta un contrasentido hablar de amor a la persona con quien se acaba de hablar de un problema de cálculo integral».

No hace ni sesenta años, un parpadeo, amigas, que se nos estaba diciendo lo siguiente: no os encaprichéis de la inteligencia, ojo con intentar hacer lo mismo que ellos, que si estudios, que si conocimiento. Os quedaréis para vestir santos si os obcecáis con la intelectualidad. ¿Quién va a querer meterse en la cama (o llamémoslo amor, vale) con alguien con quien también puede hablar de matemáticas? ¿Estamos locas o qué?

El franquismo robó la voz de las mujeres, las quiso enmudecer, las quiso afónicas. Ellas, que pocos años antes habían conseguido poder votar, que aspiraban a la igualdad, se vieron relegadas al rol de esclavas.

El 27 de noviembre de 1950 comenzó a emitirse desde Radio Barcelona el consultorio de Elena Francis. Durante más de tres décadas, Elena Francis repartió consejos a diario a mujeres de clases humildes y muy desdichadas. La educación sentimental franquista consistía en animar a las mujeres a ser obedientes, buenas esposas, buenas madres y a desechar cualquier atisbo de felicidad en beneficio de las obligaciones domésticas.

Llegaban tantísimas cartas que no todas se podían radiar. Los responsables del consultorio, la firma de cosméticos Instituto Francis, creó un equipo de contestadores para responder a las misivas que no salían en antena. Las empleadas del Instituto Francis respondían las que trataban sobre estética y belleza. Las contestadoras se encargaban de las otras. Todo esto se llevaba con secretismo porque todo el tinglado del consultorio dependía de que no se conociera la verdad sobre la inexistencia de Elena Francis, un personaje ficticio detrás del cual estaba un guionista y cuyo objetivo inicial era vender productos cosméticos.

En 2005 se encontraron en un almacén de Cornellà, en Barcelona, más de un millón de cartas abandonadas. Estaban muy deterioradas por la humedad y solo consiguieron rescatar unas 100.000. Dos investigadores, Armand Balsebre y Rosario Fontova, estudiaron más de 4.000 de ellas, escritas entre 1950 y 1972, y publicaron el libro *Las cartas de Elena Francis*[6].

El perfil medio de las mujeres que escribían a Elena Francis eran muchachas de clases modestas, muy jóvenes y poco formadas, sus cartas estaban llenas de faltas de ortografía. La mayoría eran chicas de pueblo emigradas a la gran ciudad. La solución para cualquier problema era la abnegación y la obediencia. Los consejos de Francis pasaban invariablemente por encomendarse a Dios, tener paciencia, aguantar, no rebelarse, pensar en los hijos por encima de todo, fingir no enterarse cuando el marido las engañaba, y planear una reconquista de estrategia simplona: ponerse monas y mostrarse alegres.

El noviazgo, como señalan Balsebre y Fontova, era el tema estrella del consultorio. ¿Se podía flirtear? Sí, pero con decencia: nada de bailar pegados ni toqueteos. Besos castos, sí. Cuando ellos, menos remilgados, conseguían pasar a mayores, o incluso las amenazaban en irse con otra si ellas no se abrían de piernas, Francis las acusaba a ellas de haberse dejado. Las mujeres nunca eran víctimas, ni siquiera cuando lo eran. Cuando algunas relataban abusos sexuales o violaciones en la infancia, se les aconsejaba encomendarse a Dios e ir a hablar con el sacerdote.

Socorro.

Callar ha sido a lo largo de la Historia la opción preferente, la solución, la recomendación, la imposición, la única manera, incluso, de sobrevivir. Mujer, cállate. Cuando hablas molestas, enfadas, sobras, incomodas, irritas, interrumpes, avergüenzas, te equivocas, haces el ridículo, no sabes, no lo intentes, no lo hagas.

Por eso es tan importante alzar la voz, no callarnos, no ser nosotras mismas las que nos imponemos el silencio.

Y recordarnos, siempre, como si fuera un tatuaje en el antebrazo, aquello que dijo Simone de Beauvoir: «No olvidéis jamás que bastará una crisis política, económica o religiosa para que los derechos de las mujeres vuelvan a ser cuestionados. Estos derechos nunca se dan por adquiridos, debéis permanecer vigilantes toda vuestra vida».

Por favor, ante la duda: hablad.

17

SILENCIADAS, OLVIDADAS, BORRADAS: UNA HISTORIA MACHISTA DEL MUNDO

Sentada con la espalda bien recta en la silla de su pupitre, con las yemas manchadas de rotulador y las tripas rugiéndole porque se acerca la hora del recreo, cualquier cría escuchando atenta a la maestra en clase de Historia, podría preguntarse qué demonios hacían sus *ancestras* mientras ellos se dedicaban a protagonizar la Prehistoria. ¿Dónde estaban? ¿En qué se entretenían cuando ellos creaban herramientas, inventaban la rueda, aprendían a dominar el fuego, salían a cazar, pintaban paredes y perfeccionaban la agricultura?

No, no barrían el suelo de las cuevas, como afirma la prehistoriadora francesa Marylène Patou-Mathis, especialista en el comportamiento de los neandertales y autora del ensayo *El hombre prehistórico es también una mujer*[1]. De hecho, el conocimiento de las primeras mujeres de la humanidad, defiende Patou-Mathis, podría reabrir las puertas cerradas por siglos de oscurantismo.

El estudio de la Prehistoria ha sido sesgado. Hasta la Primera Guerra Mundial no hubo ninguna prehistoriadora y hasta los años cincuenta del siglo pasado la arqueología contaba con muy pocas investigadoras. Es más, la mujer prehistórica, afirma Patou-Mathis, no aparece como tema hasta principios de este siglo. Los mitos, las falsas creencias, el machismo y los clichés impregnaron, también, la ciencia. La ideología sexista se desarrolla, escribe esta prehistoriadora, a lo largo del siglo xviii. Un siglo después, los discursos médicos respaldaban los tópicos sobre masculinidad, virilidad y diferencias entre sexos. Contra el androcentrismo en esta disciplina nació la arqueología de género.

Durante décadas, ante la duda, todo era atribuido a lo masculino: los roles, el protagonismo y los hitos. ¿Qué lugar ocupaban las mujeres en las sociedades prehistóricas? ¿Cuál era su estatus? ¿Eran sujetos pasivos?

La respuesta rápida es que no. Ellas también fabricaban herramientas, participaban en la caza de grandes mamíferos, construían viviendas y exploraban la expresión simbólica. En la actualidad, sostiene Patou-Mathis, no existe ningún argumento arqueológico que confirme la hipótesis de que en el Paleolítico las mujeres tuvieran un estatus social inferior al de los hombres.

Además, la metodología usada antiguamente tendía a subestimar el número de mujeres. Los nuevos procedimientos han permitido modificar el sexo de algunos fósiles, y algunos esqueletos han sido reasignados como hombres y viceversa.

Escribe esta autora: «En las sociedades paleolíticas, el hecho de procrear y criar a los hijos en sus primeros años otorgaba a las mujeres una función primordial en la supervivencia del clan. Ya que era imposible saber con certeza quién era el verdadero padre del recién nacido, la filiación matrilineal parece más que probable. Partícipes de un gran número de actividades, las mujeres tenían un rol económico real y probablemente un estatus social equivalente al de los hombres, incluso tal vez más elevado en el ámbito doméstico y simbólico, en vista del lugar destacado que ocupan las representaciones femeninas en el arte paleolítico. Es razonable suponer, por tanto, que estas sociedades fueron matrilineales[2], o que en las relaciones entre los sexos se daba cierto equilibrio, pero en la actualidad no disponemos de ningún indicio que nos permita inferir la existencia de sociedades matriarcales, es decir, dominadas por las mujeres, o patriarcales. Es posible que la sustitución progresiva de la filiación materna por la paterna tuviera lugar en efecto en el Neolítico, pero no en todas partes, puesto que todavía existen sociedades matrilineales en algunas regiones del mundo».

No es lo mismo olvidar que silenciar o borrar. Podríamos entender la historia como una gran fiesta. Y una cosa es que no te inviten porque al anfitrión se le ha ido el santo al cielo y la otra que te excluyan expresamente del grupo de whatsapp «La *party* del año». Y lo que ha pasado con nosotras ha sido precisamente esto. Que nos han dejado fuera del grupo. Castigadas sin notificaciones.

Quizá tenga razón la dibujante feminista Jacky Fleming, en su irónico libro ilustrado *El problema de las mujeres*[3], cuando escribe: «Antiguamente no existían las mujeres, de ahí que no nos las encontremos en las clases de historia del colegio. Sí que había hombres, y, entre ellos, no pocos eran genios. Más tarde apareció alguna que otra mujer, pero con la cabeza muy pequeña, así que no valía para nada más que para coser y jugar al croquet».

Qué felices hubiesen sido algunos si nuestro papel en la Historia se hubiese reducido a remendar calcetines y a golpear bolitas de madera.

Las mujeres hemos tenido enemigos poderosos: la religión, la ideología, los sistemas económicos, el machismo. O, por resumir, el patriarcado.

Como apunta Anna Caballé en la ya citada *Breve historia de la misoginia*, nuestra propia existencia suponía una dura competencia para la Iglesia católica. Entre estar con una mujer y dedicar tu vida al celibato, el sacrificio y la oración, pues, en fin, qué eliges José Luis. Escribe Caballé: «Es evidente que la sola existencia de la mujer, la mera existencia digo, socava el principio de castidad impuesto por la Iglesia católica a sus sacerdotes y, más allá, su posibilidad de ser [...]. De manera que astutamente ha fomentado su demonización —la mujer es la forma del pecado— convirtiéndola en un tabú, la materia misma de la represión y por tanto de la culpa. Hay que ver las formas en que los clérigos han estigmatizado a la mujer sin piedad, recurriendo a toda clase de argumentos posibles, que han ido variando según la época y las costumbres. Ni que decir tiene que los "argumentos médicos" han sido su principal aval y a menudo cómplices de su discurso tóxico».

Y si de un señor con sotana esperábamos poco, cuesta algo más asumir que algunas ideologías políticas progresistas nos hayan despreciado también. Lo vimos en el capítulo en el que recordábamos el debate crucial de Clara Campoamor, el modo en el que en pleno siglo xx las mujeres seguíamos siendo consideradas como adultas a medio hacer. Influenciables, con poco criterio, de poco fiar. Como recuerda Isaías Lafuente en *Clara Victoria,* uno de los primeros golpes que recibió Campoamor vino de sus propias filas, del diputado radical José Álvarez-Buylla, que afirmó: «Como educadora de sus hijos merece también las alabanzas de los poetas; pero la mujer española como política es retardataria, es retrógrada; todavía no se ha separado de la influencia de la sacristía y del confesionario, y al dar el voto a las mujeres se pone en sus manos un arma política que acabará con la República».

Ea.

Casi un siglo y medio antes, durante la Revolución francesa, las desigualdades de las mujeres aumentaron. *Liberté, egalité* y *fraternité* de bajo presupuesto, amigas. Como cuando compras por internet lo que parece un bonito abrigo de lana y te llega una chaqueta de entretiempo de tela barata.

Como indica Patou-Mathis[4], aunque la revolución proclamaba la igualdad de derechos entre todos los hombres, las mujeres quedaban relegadas a lo doméstico. Eran consideradas ciudadanos pasivos sin derecho a voto, como los menores de veinticinco años, los extranjeros, los insolventes y los criados. La prehistoriadora reproduce un vergonzante escrito en la gaceta revolucionaria *Les Révolutions de Paris* que decía: «El heroísmo solo puede ser masculino. Dejadnos la espada y el combate; vuestros dedos delicados están hechos para sostener la aguja y sembrar de flores el camino espinoso de la vida. Vuestro heroísmo consiste en llevar el peso de las tareas y las dificultades domésticas».

Por resumir: alguien tiene que quedarse en casa para que, cuando el revolucionario llegue cansado de lanzar proclamas, se encuentre la cena caliente, la cama hecha y un poquito de amor. No llames heroísmo a lo que es simple jeta, Jean-Luc.

Si estuvisteis lo suficientemente atentas en las clases del instituto, recordaréis a Adam Smith (y sus tirabuzones). Está considerado el padre de la economía moderna. Hoy tendría una pizarra en algún programa de televisión en prime time y nos asustaría con titulares catastrofistas, pero como nació en el siglo XVIII se dedicó a escribir libros. La periodista feminista sueca Katrine Marçal es la autora de *¿Quién le hacía la cena a Adam Smith?*[5], un libro en el que recorre la historia de las mujeres y la economía. Escribe: «Cuando Adam Smith se sentaba a cenar, pensaba que si tenía la comida en la mesa no era porque les cayera bien al carnicero y al panadero, sino porque estos perseguían sus propios intereses por medio del comercio. Era, por tanto, el interés propio el que le servía la cena. Sin embargo, ¿era así realmente? ¿Quién le preparaba, a la hora de la verdad, ese filete a Adam Smith? Adam Smith nunca se casó. El padre de la ciencia económica vivió la mayor parte de su vida con su madre, que se encargaba de la casa mientras un primo gestionaba sus finanzas. Cuando Smith ocupó el puesto de director de aduanas en Edimburgo, su madre se mudó a vivir con él. Toda su vida se dedicó a cuidar de su hijo; a la hora de responder a la pregunta de cómo llegamos a tener nuestra comida en la mesa, ella es la parte que Adam Smith pasó por alto».

Con que esas nos tenemos, ¿eh, *ricitos*?. Claro que sí. Para escribir teorías sesudas, reunirte con tus amigos intelectuales a debatir y pasar a la Historia como el padre de la economía moderna, hizo falta que *mami* se encargara de lavarte los calzones. ¿Fue la señora Smith la madre de la economía moderna? Yo voto que sí.

Lo cierto es que Marçal apunta una idea muy interesante: que para que todos los hombres de la época pudieran ir a trabajar, necesitaban mujeres a su alrededor (esposas, hermanas, madres) cuidando niños, preparando comidas y limpiando el hogar. Y añade: «Se mire por donde se mire, el mercado se basa siempre en otro tipo de economía. Una economía que rara vez tenemos en cuenta».

La economía ha sido también una de nuestras *kriptonitas*. Las mujeres hemos sido las presidentas ejecutivas del trabajo sucio. Para desarrollar teorías que cambian el mundo, para descubrir, escribir, crear, inventar, hace falta tiempo. Un tiempo del que ellos han dispuesto alegremente, cerrando las puertas de sus despachos y pidiendo que, por favor, no se les moleste, mientras ellas criaban niños, lavaban la ropa, iban al mercado, organizaban la despensa, preparaban el almuerzo y llamaban con cuidado a esas mismas puertas para preguntar, en voz baja y asomando solo la nariz, si les apetecía un té.

Cuánto talento desaprovechado. Cuántas ideas habrían salido de esas cabezas de haber tenido la oportunidad de usarlas para algo más que para la intendencia doméstica. Además de las mujeres borradas y silenciadas, las ha habido que ni siquiera han existido para el mundo. Nacieron, cuidaron y murieron. Sus vidas se escurrieron entre obligaciones, cargas, horarios y rutinas.

Para tomar conciencia de nuestra voz, para sacudirnos de encima todos los síndromes de impostura, todas las inseguridades, los miedos y el pánico a exhibirnos, a ocupar lo público, tenemos que entender todo lo que otras, antes, han tenido que callar. La renuncia ha sido para muchísimas mujeres la única opción.

La historia de las mujeres ha sido también una historia de la insatisfacción. En 1963, la periodista Betty Friedan publicó *La mística de la feminidad*[6], convertido ahora en un clásico del feminismo. Friedan ahondaba en él en lo que ella llama «el malestar que no tiene nombre». En los años previos a 1960, muchas mujeres estadounidenses vivían ahogadas por la infelicidad de la felicidad absoluta: los barrios residenciales, el coche, los niños jugando en el patio trasero, la tarta de manzana enfriándose en el alféizar de la ventana. En ese contexto de supuesta plenitud, iba cociéndose a fuego lento ese malestar sin nombre y un enorme sentimiento de culpa: ¿de qué podía una quejarse si lo tenía todo? ¿Cómo podía sentirse una ama de casa insatisfecha teniendo lavadora, coche, dinero y vida social?

Cuenta Fridan que en 1960 aquel malestar «explotó como un forúnculo». Los medios de comunicación empezaron a hablar de la infelicidad del ama de casa estadounidense, aunque se le restaba importancia y se tachaba a aquellas mujeres de quejicas y desagradecidas. Escribe: «He oído a tantas mujeres tratar de negar esa voz interna de insatisfacción porque no encajaba con la bonita imagen de feminidad que los expertos daban de ella. De hecho, creo que esta es la primera clave del misterio: el malestar no puede entenderse según los términos generalmente aceptados con los que los científicos han estudiado a las mujeres, con los que los médicos han tratado sus enfermedades, con los que los consejeros las han asesorado y con los que los escritores las han descrito. Las mujeres que padecen este malestar, cuya voz interior las está turbando, han vivido toda su vida buscando la realización femenina».

Esas mujeres querían algo más que matrimonio e hijos. Querían una vida propia. Y ningún frigorífico, ningún vestido bonito, ninguna habitación de bebé en tonos pastel, podían acabar con esa necesidad.

En el epílogo del libro, Friedan contaba que empezó a recibir cartas de muchas mujeres que le confesaban su infelicidad y le preguntaban de qué otra manera podían vivir. Pero a la vez que su buzón se llenaba de cartas de desconocidas, en su barrio se convirtió en una apestada. «Mientras solo escribía artículos ocasionales que la gente nunca leía, el hecho de escribir durante horas cuando los chicos estaban en la escuela no era un estigma peor que, por ejemplo, beber a solas por las mañanas. Pero ahora que me comportaba como una verdadera escritora e incluso me habían entrevistado para la televisión, el pecado era demasiado público, no podía ser perdonado».

Comportarse como una auténtica escritora, ¿quién se había creído? Una cosa es quejarse con el martini en la mano y otra escribir un libro incendiario, pensarían. Una especie de *cállate, loca, que nos van a oír.*

Acabaron mudándose a la ciudad.

El ámbito privado, lo doméstico, ha sido la cárcel de muchas mujeres. Otras, que consiguieron tener una vida propia, o lo intentaron, fueron ninguneadas, borradas de la Historia.

Algunas, para poder ser alguien —un *alguien* no cuestionado, un *alguien* en igualdad de oportunidades—, se agarraron a los pseudónimos. La editorial Seix Barral creó en 2020 una colección para recuperar el nombre de aquellas escritoras que firmaron sus obras con nombres masculinos. En la portada de los libros aparecía el pseudónimo tachado y el nombre de la autora escrito en letra caligrafiada. Empezaron por George Sand y Rafael Luna. O, mejor dicho, Amantine Aurore Dupin y Matilde Cherner. Siempre hemos escrito. La literatura ha sido también cosa de mujeres. En *El infinito en un junco*[7] Irene Vallejo escribe: «Solo hay una presencia femenina en el canon literario griego: Safo. Es tentador atribuir ese clamoroso desequilibrio a que las mujeres no escribían en la antigua Grecia. Solo es cierto en parte. Aunque para ellas era más difícil educarse y leer, muchas vencieron los obstáculos. De algunas, quedan fragmentos rotos de poemas; de la mayoría, apenas un nombre. Esta es mi lista provisional de escritoras casi borradas: Corina, Telesila, Mirtis, Praxila, Eumetis también llamada Cleobulina, Beo, Erina, Nóside, Mero, Ánite, Mosquina, Hédila, Filina, Melino, Cecilia Trebula, Julia Balbila, Damo, Teosebia».

Y explica algo más: el primer autor del mundo que firma un texto con su propio nombre fue una mujer. Se llamaba Enheduanna, era poeta y sacerdotisa y habitó el mundo mil quinientos años antes que Homero. Escribió un conjunto de himnos. «Cuando los estudiosos descifraron los fragmentos de sus versos, perdidos durante milenios y recuperados solo en el siglo XX, la apodaron "la Shakespeare de la literatura sumeria", impresionados por su escritura brillante y compleja», cuenta Vallejo. En uno de sus himnos, Enheduanna describió el proceso de creación literaria.

¿Sabíais de su existencia? ¿Os habló alguna vez alguien de ella? Dejadme adivinar: no.

La periodista Nieves Concostrina cuenta la historia como nadie. Consigue hacer apasionantes los mismos episodios que nos dormían en clase. Concostrina tiene siempre muy presentes a las mujeres silenciadas, olvidadas y borradas. A las *sobresalientas*, como ella las llama. Una de ellas es María de la O Lejárraga[8]. Un caso evidente de mujer borrada.

María de la O Lejárraga nació en 1874 en San Millán de la Cogolla (La Rioja) y murió en el exilio, en Buenos Aires, en 1974. A lo largo de sus casi cien años —murió poco antes de cumplirlos— fue feminista, militante socialista y diputada. También maestra, novelista, dramaturga, ensayista y traductora. Pero todo lo que escribió lo firmó con el nombre de su marido, Gregorio Martínez Sierra, que fue el que se llevó los honores, los aplausos y el prestigio, y que nunca hizo ascos a quedarse con los elogios que no le correspondían, al contrario. Como cuenta Concostrina, Lejárraga lo tenía todo para ser olvidada: mujer, republicana y exiliada. *Hat-trick.*

Lejárraga empezó a escribir siendo muy joven. Al publicar su primer libro, su familia puso mala cara. No les parecía correcto que escribiera y ella, enfadadísima, aseguró que nunca jamás verían su nombre en otra portada. El marido acabó abandonándola por otra mujer, y, aun así, ella siguió firmando con el nombre de él. Cuando su ex falleció, la hija reclamó los derechos de autor de su padre. María murió pobre y olvidada. Asegura Concostrina que toda la valentía que tuvo para otros aspectos de su vida —defendió sus principios sin amilanarse— no lo tuvo para ella misma. O en *concostrino*: «En lo referente a reivindicarse como la gran creadora que era, cero patatero».

La vida te enseña a desconfiar de aquellos a los que si les pides por una mujer artista solo saben nombrar a Frida Kahlo. Ya vimos en capítulos anteriores que el arte ha sido un campo sembrado de mujeres ninguneadas y cómo los museos continúan dejando a las mujeres en los almacenes. El arte nos ha preferido musas a creadoras. Lo bueno que tienen las musas es que están calladas y quietas. Uno las puede convocar cuando quiere, darles órdenes (ponte así, ponte asá) y pedirles que se vayan a su casa cuando termina la inspiración. No estorban, son bonitas, se dejan hacer, obedecen. Y jamás alzan la voz.

Podemos enumerar de memoria decenas de hombres artistas. Haced la prueba. Por poco puesta que una esté en el tema, pronunciará de corrido a Goya, Velázquez, Rembrandt, Caravaggio, Picasso, Dalí, Monet, Manet, Mondrian, Van Gogh, Gauguin, Turner, Pollock, Magritte. ¿A *cuántas* artistas podríais citar sin usar el comodín de Google?

En 2020, el Museo Guggenheim Bilbao dedicó una exposición retrospectiva a la artista neoyorkina Lee Krasner. Por favor, googleadla. Me encanta una foto suya de 1938 en la que sale sentada en un banco, sujetando un cigarro, vestida de traje, con el flequillo corto y unas gafas de sol, y tan moderna y tan guay que solo le falta una frase críptica (¿quizá «sunday vibes»?) para parecer una *millennial* en Instagram.

Lee nació en Brooklyn en 1908, en una familia de inmigrantes rusos, y siendo una adolescente decidió dedicarse al arte. Fue una de las primeras artistas abstractas. Toda una pionera. Cuentan que, a los diecinueve años, pintó su primer autorretrato clavando un espejo en un árbol del jardín familiar. Con ese cuadro pretendía ser admitida en la prestigiosa National Academy of Design. En la Academia dudaron de la autoría del retrato (¿una mujer tan joven con ese talento?), pero acabaron admitiéndola.

Siendo una figura tan representativa, Lee, fallecida en 1984, tuvo un reconocimiento tardío. Hubo dos motivos que contribuyeron al borrado, al olvido, al ninguneo. El primero, claro, ser mujer. El segundo, haber sido la señora Pollock. Se casó con el artista en 1945.

En una entrevista[9] contó que una vez le soltaron (en tono de piropo): «Esto es tan bueno que nunca dirías que lo ha hecho una mujer».

Entre las mujeres borradas, las hay que cometieron un triple crimen: ser mujeres, ser inteligentes y ser guapas. No hay mejor ejemplo de ello que el de Hedy Lamarr. Nació en Austria en 1914, en una familia de origen judío. Siendo muy joven, interpretó una polémica película titulada *Éxtasis* —el suyo fue el primer desnudo integral en la gran pantalla y el primer orgasmo femenino que pudo verse en un cine, mucho antes que el fingido de Sally en el *dinner*—, después se casó con un nazi —tan machista que la tenía retenida en casa— y acabó fugándose a Londres, muy peliculeramente, antes del estallido de la Segunda Guerra Mundial. Acabó en Hollywood. El suyo fue uno de los nombres habituales en el cine de los años cuarenta.

En 2017 se estrenó *Bombshell: La historia de Hedy Lamarr* un documental sobre la actriz, producido por la actriz Susan Sarandon, y basado en cuatro cintas de casete que contenían una entrevista inédita que un periodista de la revista *Forbes* mantuvo con la actriz en 1990, una década antes de su muerte. El periodista era hijo de un astrofísico que un día lo llamó y dijo algo así como «¡ni te imaginas lo que he descubierto de Hedy Lamarr!». En esas cintas, la actriz hablaba de la maldición de ser guapa, de cómo todos pensaban que era estúpida. Y no, no lo era. Porque ella, además de actriz, fue inventora. Durante la guerra, inventó, junto al compositor George Antheil, un sistema de codificación de transmisiones que permitió desarrollar, años después, tecnologías como el WiFi, el Bluetooth o el GPS.

Por cierto, volviendo a Nieves Concostrina, Lamarr es una de las mujeres que protagonizan su libro para niños *La historia en apuros*[10]. Allí cuenta la gran injusticia que se ha cometido durante muchas décadas con la inventora. Porque Lamarr regaló la patente del invento al ejército de Estados Unidos y, a cambio, recibió el olvido. No le reconocieron el mérito hasta que la actriz rebasó los ochenta años. Actualmente, la mitad de sus cenizas descansan en Viena, en una tumba que, gracias a Sarandon, homenajea su faceta científica. Además, el 9 de noviembre, fecha del nacimiento de Lamarr, se conmemora, en su honor, el Día del Inventor.

Otras científicas no tuvieron tanta suerte, ni siquiera después de muertas. Las borraron con el típex de la desmemoria. Este olvido sistemático de los hallazgos de las mujeres científicas es lo que se conoce como el «Efecto Matilda». Lo bautizó como tal la estadounidense e historiadora de la ciencia Margaret W. Rossiter, que recopiló ejemplos del olvido y el desprestigio al que se sometía a las mujeres científicas e incluso como los hombres —a veces sus propios maridos— se adueñaban de sus trabajos. Las científicas, explica Rossiter en sus escritos, son borradas incluso cuando han sido reconocidas en su época. Lo llamó *Matilda* en honor a Matilda Joslyn Gage, una activista y sufragista estadounidense del siglo XIX que fue la primera en denunciar el menosprecio de las mujeres en la ciencia.

En 2021, la Asociación de Mujeres Investigadoras y Tecnólogas, una oenegé estatal sin ánimo de lucro, impulsó la iniciativa #NoMoreMatildas para dar a conocer el ninguneo de las mujeres en la ciencia y tratar de sacar de la invisibilidad a las científicas que las precedieron. La iniciativa incluía cuentos que jugaban con la idea de imaginar qué habría sido de Einstein, Fleming o Schrödinger de haber sido mujeres. También escribieron un anexo para añadir a los libros de texto, con la historia de científicas dignas de ser recordadas. Estaban la matemática Ada Lovelace, la química Rosalind Franklin, la astrónoma Henrietta Swan Leavitt, la paleontóloga Mary Anning o la inventora española Ángela Ruiz Robles, una maestra que en 1949 inventó una enciclopedia mecánica, la precursora de los *ebooks*.

La filosofía es otra de las disciplinas consideradas *made in señores*. Nunca nos hablaron de ninguna filósofa en el instituto. Nuestros apuntes pasaban de Sócrates a Platón, de Aristóteles a San Agustín, de Descartes a Hume. El decreto educativo de Bachillerato aprobado en marzo de 2022 establece, por primera vez, que en Filosofía tienen que incluirse obras de mujeres, y en los «saberes básicos» están las pensadoras Aspasia de Mileto, Hipatia de Alejandría, Hildegard Von Bingen, Mary Wollstonecraft, Olympe de Gouges, Hannah Arendt, María Zambrano y Simone de Beauvoir.

Los nombres de las mujeres que hicieron historia se han escrito siempre en letra tan pequeña como la de la última fila de un test de agudeza visual. Pero ellas estaban. Lo hicieron. Desarrollaron su talento en un mundo hostil, en lugares donde no eran bienvenidas: universidades, laboratorios, parlamentos, despachos, escribiendo ensayos, pilotando avionetas, fotografiando trincheras.

Durante años quisieron hacernos creer que si no estábamos era por mero olvido. Pero nunca hay ingenuidad en el olvido. Ningún despiste es tan metódico, tan previsible, tan tozudo. Se nos ha querido condenar a ser la nota a pie de página, la anécdota, la anomalía, la acotación al margen para que así aceptáramos, con la resignación de lo inevitable, permanecer en un segundo plano, tener ambiciones tamaño bolsillo, no destacar, ni ir de listas, en definitiva, no molestar.

Y esos mismos, los desmemoriados, quizá ya imaginan —y por eso temen, e insultan, y ofenden— que nunca vamos a dejar de dar la vara. Parafraseando a la Woolf, ya nunca más «anónimo» querrá decir mujer.

18

ELLAS ALZARON LA VOZ

A los veinte años, mi madre empezó a trabajar en una correduría de seguros de Barcelona. Era a principios de los años setenta, y para ella, una chica joven de una ciudad pequeña de la provincia, aquello era un salto profesional gigantesco. Cada mañana se despertaba, se arreglaba y cogía el tren. La empresa tenía un código de vestimenta. Las mujeres tenían que llevar vestido, o falda, y zapatos de tacón. En todo caso, no podían ir a trabajar en pantalones.

Un viernes, todas las mujeres de la oficina se reunieron en el lavabo y pactaron que el lunes irían a trabajar en pantalones. Querían poder elegir. Ir en vestido si les apetecía un día, y ponerse pantalones si así lo preferían al siguiente. Pensaron que, si lo hacían todas a la vez, no podrían despedirlas. Y llegó el lunes. Ninguna faltó a su promesa. Todas acudieron a trabajar en pantalones. Los jefes se quedaron, como diría mi madre, de pasta de boniato. Y a partir de entonces vistieron como quisieron.

Puede parecer anecdótico, una tontería. Pero cabe recordar dos cosas. La primera, que, en aquellos tiempos, no había ningún chat de whatsapp en el que una pudiera cerciorarse el lunes a primera hora de que todas irían a una. La segunda, que asumieron un riesgo real. Quebrantar las normas podía conllevar el despido. El dueño de la empresa era un señor serio amante de la disciplina y el orden.

Siempre me ha gustado esta historia. Lo tiene todo: la reunión clandestina en los lavabos (¿qué nos pasa con los lavabos?), la promesa, la sororidad, la unión, el compañerismo. Me gusta imaginar a aquellas mujeres que decidieron jugársela por lo que creían justo. Las rebeldes de los pantalones, las llamo yo cuando quiero hacer reír a mi madre. Sea como fuere, esas mujeres reunidas en un baño hicieron algo grande. Lo que es injusto se combate. No hay más.

En este libro nos preguntamos por nuestra voz. Por las dudas, por la sensación de impostura, por el sentimiento de vértigo al ocupar espacios que siempre nos han sido ajenos.

Nos ha pertenecido una porción muy pequeña del mundo durante demasiado tiempo. Nacer mujer suponía tener el don de la invisibilidad. Las que estaban eran la excepción, la singularidad, la rareza.

Immy Humes es una directora de documentales neoyorkina que, a principios de 2022, publicó *Una sola mujer*[1], un libro en el que recopila cien fotografías de grupo, tomadas desde mediados del siglo XIX hasta nuestros días, que comparten una particularidad: en ellas solo aparece una mujer por foto. El resultado es un retrato del patriarcado en papel fotográfico. ¡Pa-ta-ta!

En una de las fotografías más antiguas, fechada en 1897, vemos a un grupo de estudiantes y profesores de medicina de Missouri. Posan en traje, muy serios. Las dos únicas notas discordantes son un esqueleto, en mitad de la imagen, y una mujer camuflada entre el grupo. Lleva un sombrero peculiar, muy al estilo hipódromo de Ascot. El pie de foto la identificaba como la secretaria de la clase y durante más de un siglo se creyó que era una empleada, pero gracias a la investigación de una profesora emérita acerca de las primeras estudiantes de medicina de la facultad, se supo que la mujer del sombrero, llamada Anna Searcy, fue la primera estudiante de medicina de la universidad y la primera mujer en graduarse.

En *Una sola mujer*, Anna Searcy es una de las cien mujeres que son la excepción en fotografías de grupos de físicos, guionistas de comedia, cowboys, neurobiólogos, artistas, orquestas, políticos, trabajadores de los astilleros, ingenieros espaciales, astronautas, corresponsales de guerra o cineastas. Una de las imágenes más recientes fue tomada en 2007 en el festival de Cannes. Es en color y, en ella, vemos tres filas de directores de cine posando en todo tipo de actitudes (intelectual, malote de última fila de instituto, cabeza ladeada, manos en los bolsillos, con camisas de lino, blazer, mocasines, deportivas desgastadas). Están Gus Van Sant, Roman Polanski, Alejandro González Iñárritu, Nanni Moretti, Ken Loach o David Cronenberg. Y en segunda fila, con gafas de sol y esbozando media sonrisa, la única mujer del grupo: la cineasta neozelandesa Jane Campion. Treinta y un hombres y una mujer. Duele a la vista.

Otra de las protagonistas del libro es una mujer en la que vamos a detenernos. Se llamaba Katharine Graham. En la foto, sonríe en la sala de la junta directiva de Associated Press, en 1975. Es una mesa larguísima, de madera, alrededor de la cual se sientan un montón de señores trajeados. Hay mucha cana, alguna calvicie e incluso lo que parece un peluquín. En primer plano, en la esquina izquierda, aparece ella, rompiendo la uniformidad con un vestido de terciopelo, las manos en el regazo, las piernas cruzadas. Estaba allí por un motivo: en 1963, tras el suicidio de su marido, pasó a ser la propietaria de *The Washington Post*.

Tres décadas más tarde, en 1997, Graham publicó su autobiografía, titulada *Una historia personal*[2], con la que ganó un premio Pulitzer. Ser mujer y estar al frente de un periódico como el *Post* a principios de los años sesenta no fue fácil. Graham había ejercido el periodismo desde muy joven, pero lo dejó cuando su marido, Phil, abogado de profesión, pasó a liderar el periódico. ¿Qué hacía un abogado al frente de un periódico? Lo había colocado el padre de Graham, propietario del diario, que, cuando tuvo que delegar sus funciones, eligió a su yerno porque ni se le pasó por la cabeza que su hija pudiera hacerlo. A ella, aquello, le pareció lo normal. «En esa época, el único heredero posible tenía que ser un hombre y, dado que mi hermano había preferido dedicarse a la medicina, mi padre pensó inmediatamente en Phil. En cuanto a mí, no solo no me molestó que hubiera pensado en mi marido y no en mí, sino que estaba encantada. Nunca se me ocurrió que podría haberme juzgado capaz de asumir un puesto importante en el periódico», explica en sus memorias.

Graham fue una *noloharébienista* de manual. Cuenta en el libro que, tras graduarse, su padre le consiguió un trabajo de verano en un periódico de San Francisco. Tenía 21 años. Una noche, recién aterrizada en el diario, acudió a la habitación de hotel de su padre carcomida por la impostura. «Le dije que tenía miedo de pretender más de lo que era capaz, que no creía poder hacer el trabajo, que no iba a resultar útil al periódico ni a valer los 21 dólares semanales que me iban a pagar, y que quería irme con él a casa». Años después, cuando su marido la abandonó en plena fase maniaca de su enfermedad mental y amenazó con quedarse con el periódico, Graham le confesó a una amiga su intención de mantener el periódico hasta que sus hijos tuvieran edad de dirigirlo. Su amiga le contestó: «No seas tonta. Tú puedes dirigirlo». Ella dijo que aquello era imposible. La amiga contraatacó: «Es ridículo pensar que no puedes. Te han hecho sentir tan inferior que no reconoces lo que eres capaz de hacer». A Graham jamás se le había pasado por la cabeza lo que acabó pasando. Cuando, tras quedarse viuda, tomó el mando del periódico, empezó a asistir a las reuniones y almuerzos editoriales del *Post*. En uno de ellos, estaba invitada Madame Nhu, la cuñada del presidente de Vietnam del Sur. Fue la primera vez que Graham formuló una pregunta. «Casi me desmayé antes, por la preocupación, y después, por la vergüenza y el miedo a haber quedado como una ignorante», escribió en sus memorias. Además, durante el primer año como propietaria del periódico, daba vueltas en la cama, insomne: «Por las noches permanecía despierta reviviendo cosas que había dicho y hecho durante el día, dudando de si había actuado bien; era especialmente angustioso, y estoy segura de que mis colegas masculinos no lo hacían». Cuando en 1969 pasó a ser editora, seguía sintiendo una gran inseguridad. «Me parecía estar examinándome y que, si fallaba una sola pregunta, me iban a suspender. Esa inseguridad procedía en parte de mi experiencia personal, pero era una característica que compartían casi todas las mujeres de mi generación, en la medida en que derivaba de la estrechez con la que se concebía el lugar de la mujer. Nos habían educado para ser esposas y madres, para pensar que nos habían puesto en la tierra con el fin de mantener felices y confortables a los hombres y los niños. Como tanta gente de mi generación, llegué a creer que las mujeres éramos intelectualmente inferiores a los hombres, que no éramos capaces de gobernar, dirigir ni gestionar nada que no fuera el hogar y los hijos». Pasó mucho tiempo, confiesa en su autobiografía, antes de ser capaz de expresar una orden sin añadir como coletilla «si os parece bien».

Durante muchos años, Graham fue la única mujer en su día a día laboral, a excepción de las secretarias. Aquel era un mundo de hombres en el que ella se sentía menos capacitada, inexperta, torpe. Creía estar ocupando un espacio que no le correspondía. Fue con el tiempo, admitía en el libro, que entendió que se trataba de un problema común en todas las mujeres. Que esa inseguridad no era una tara. Que era evidente que a las mujeres no se las trataba de igual forma. Su consciencia feminista surgió con el paso de los años. El suyo era un entorno hostil con las mujeres. Escribió: «Los hombres Kennedy eran [...] unos machistas descarados, como la mayoría de los hombres en aquella época, incluido Phil. Se relacionaban muy bien con los hombres y con las chicas jóvenes, pero verdaderamente no sabían cómo tratar a las mujeres de mediana edad, ni se mostraban muy interesados por ellas. Era una actitud que provocaba grandes sentimientos de inseguridad en muchas de nosotras. Sabíamos que no teníamos lugar en su mundo». Qué sorpresa, *Mr. President...*

A pesar de todo, ella vivió como presidenta del *Post* los años dorados del periodismo y de su periódico: el caso Watergate, los papeles del Pentágono, la guerra de Vietnam. Y fue capaz, por supuesto.

El periodismo ha sido uno de los muchos oficios asociados a lo masculino hasta hace bien poco. El cliché describía al periodista como un señor permanentemente ocupado, sin tiempo ni ganas para nada más que un buen titular, un trasnochador nato, adicto al bourbon, la nicotina y las exclusivas. Mi reino por firmar una portada a cinco columnas.

La vida prevista para Katharine Graham pasaba por ser, como admitía ella en sus memorias, una *mujer florero*. Organizar cenas en su hogar de Washington, veranear en la casa del campo, ver crecer a sus cuatro hijos. La muerte del marido fue lo que la obligó a romper moldes, a ser una pionera, a manejarse en despachos y reuniones en las que, de otra forma, y con su marido vivo, nunca hubiera sido invitada.

Como ella, otras mujeres abrieron caminos que luego hemos transitado las demás. Concibo el feminismo como un ejército infinito de hermanas mayores allanándonos el camino.

El diccionario de la Real Academia define el feminismo como «principio de igualdad de derechos de la mujer y el hombre». Nunca entenderé cómo un concepto tan básico —ser iguales— puede generar tanta irritación, tanto *hater* de sofá. Fantaseo con un infierno particular para aquellos que dicen, sin sonrojarse, que no son ni machistas ni feministas. Como si lo uno fuera lo opuesto a lo otro. Como si la prepotencia pudiera compararse con la igualdad. Como si la discriminación estuviera a la altura de lo justo. Qué pereza tener que discutir desde tan abajo a estas alturas.

Pero no es ninguna novedad. Estamos vacunadas, curadas de espanto. El feminismo siempre ha irritado muchísimo. Es lo que tienen los privilegios, que cuesta deshacerse de ellos. Son droga dura.

Para empezar, la considerada como una de las precursoras del feminismo acabó en el patíbulo. Aquello fue un aviso a navegantes en toda regla. Olympe de Gouges, a la que mencionábamos en el capítulo anterior, fue filósofa y escritora. En plena Revolución francesa se sintió estafada (bienvenida al club, Olympe). ¿Qué era eso de una igualdad de derechos del hombre y el ciudadano que excluía a la mujer? Ella era una mujer culta, que escribía obras de teatro y tuvo su propia compañía. En 1791, redactó la Declaración de los Derechos de la Mujer y de la Ciudadana. Quiso presentarla a la Asamblea legislativa, pero rechazaron la petición. Tal y como cuenta Marylène Pathou-Mathis en su ya citado *El hombre prehistórico es también una mujer*, meses después del rechazo, escribió un texto en el que exhortaba a las mujeres a espabilar: «Mujeres, ¿no sería ya el momento de que nosotras también hiciéramos una revolución? Las mujeres siempre estarán aisladas unas de otras, y jamás formarán un solo cuerpo con la sociedad a no ser para maldecir su sexo y dar lástima a los otros». Olympe, que se opuso al Terror jacobino, acabó guillotinada en 1793.

Un año antes de que le cortaran la cabeza a Olympe, la filósofa feminista Mary Wollstonecraft escribió su *Vindicación de los derechos de la mujer* y unas cuantas décadas después, ya en julio de 1848, llegó la *Declaración de sentimientos y resoluciones de Seneca Falls*, un texto que pedía el derecho a voto y que, entre otras agudas observaciones, manifestaba que la historia se había esforzado, de todas las maneras posibles, en destruir la confianza de las mujeres en sus propias facultades, en disminuir su autoestima y en hacerles llevar una vida dependiente. El primer país del mundo en aprobar el voto de las mujeres fue Nueva Zelanda, en 1893. Las sufragistas británicas lo consiguieron ya en el siglo xx, en 1918.

Una década después, en octubre de 1928, la escritora Virginia Woolf dio dos conferencias en dos universidades femeninas acerca de las mujeres y la literatura. En aquellas charlas basó su ensayo *Una habitación propia*, publicado un año más tarde. Virginia nació en Londres en 1882 y nunca fue una mujer convencional. Era moderna, nadó a contracorriente, y hace casi cien años vino a decir que estaba complicado ser mujer y escribir si no tenías ni la oportunidad, ni la confianza ni las condiciones necesarias para hacerlo.

¿Se puede ser más *jefaza* que la Woolf cuando imagina, entre las páginas de su habitación propia, qué habría sido de una hermana de Shakespeare igual de dotada para la literatura en pleno siglo xvi? La llama Judith y la imagina clavadita a su hermano: inteligente, aventurera, imaginativa. Cogiéndole prestados libros a William, escribiendo páginas a hurtadillas, fantaseando con ser actriz. Pero bah, asegura, sus padres le habrían dicho que no perdiera el tiempo leyendo y le hubieran buscado un marido para acabar con todas las pretensiones de aquella hija tan *nerd* que les había tocado en desgracia. Escribe: «Cualquier mujer nacida en el siglo xvi con un gran talento se hubiera vuelto loca, se hubiera suicidado o hubiera acabado sus días en alguna casa solitaria en las afueras del pueblo, medio bruja, medio hechicera, objeto de temor y burlas. Porque no se necesita ser un gran psicólogo para estar seguro de que una muchacha muy dotada que hubiera tratado de usar su talento para la poesía hubiera tropezado con tanta frustración, de que la demás gente le hubiera creado tantas dificultades y la hubieran torturado y desgarrado de tal modo sus propios instintos contrarios que hubiera perdido la salud y la razón». Grítalo, reina.

Un poco más adelante, Woolf sigue repasando la suerte de las mujeres con la escritura a lo largo de los siglos. Jane Austen, Mary Ann Evans, Emily y Charlotte Brönte compartieron siglo, el xix, las cuatro publicaron novelas. Como señala la autora, ninguna tuvo hijos, ni despacho propio; aquellas mujeres escribieron en la sala de estar común, quizá permanentemente interrumpidas. Imagino sus vidas con un «¿por dónde iba?» incrustado en su cabeza. Woolf está convencida de que escribieron novelas, y no poesía ni teatro, porque la narrativa exige menos concentración (tomamos nota). Cuenta, también, que Jane Austen escondía sus escritos cuando escuchaba chirriar la puerta. Que nunca vio mundo. Y que todas ellas tuvieron que aguantar, estoicamente, qué remedio, el desdén del patriarcado.

A Austen y a Emily Brönte les reconoce la enorme valentía de haber escrito a su manera. «Escriben como escriben las mujeres, no como escriben los hombres. De todos los miles de mujeres que escribieron novelas en aquella época, solo ellas desoyeron por completo la perpetua amonestación del eterno pedagogo: escribe esto, piensa lo otro. Solo ellas fueron sordas a aquella voz persistente, ora quejosa, ora condescendiente, ora avuncular, aquella voz que no puede dejar en paz a las mujeres, que tiene que meterse con ellas, como una institutriz demasiado escrupulosa [...]», explica.

En su célebre ensayo, Woolf inventa a una escritora novata y contemporánea a ella a la que llama Mary Carmichael. Una autora que por fin tiene un mundo de posibilidades. Todas las historias sobre mujeres que nunca han sido contadas. El punto de vista desde el que ningún autor ha mirado antes. Por ejemplo, una historia sobre dos mujeres que se gustan. Carmichael no es un genio, le queda mucho por pulir. No posee el talento de sus predecesoras, pero es una chica lista. Y ya viene el momento. La Woolf está a punto de decirlo. Dale, *Vir*, abramos comillas: «Teniendo en cuenta que Mary Carmichael no era un genio, sino una muchacha desconocida que escribía su primera novela en su salita-dormitorio, sin bastante cantidad de estas cosas deseables, tiempo, dinero y ocio, no salía mal de la prueba, pensé. Démosle otros cien años, concluí [...], démosle una habitación propia y quinientas libras al año, dejémosle decir lo que quiera y omitir la mitad de lo que ahora pone en su libro y el día menos pensado escribirá un libro mejor. Será una poetisa».

Calculad vosotras cuánto necesitaríamos ahora, en euros. Sumadle una puerta con pestillo y una nevera llena de túperes de lentejas. Y tiempo. Mucho tiempo.

Y volvamos ahora al feminismo. A la necesidad de alzar la voz. Durante el siglo pasado, el feminismo se democratizó. Ya no solo era la lucha de mujeres blancas en situación de privilegio (¿puede una pensar en algo más que la supervivencia trabajando dieciséis horas diarias y hacinada en una infravivienda?) y sumó a su lucha otras opresiones. Las mujeres negras tenían otro enemigo además del patriarcado: el racismo.

Cinco años después de la publicación de *Una habitación propia*, nacía en Nueva York la poeta afroamericana, feminista, lesbiana y activista por los derechos humanos Audre Lorde.

En su libro *La hermana, la extranjera*[3], Lorde recuerda escenas racistas de su infancia. La mirada de asco de una mujer en el metro, que se apartó con brusquedad porque no quería que una niña negra rozara su abrigo. Una bibliotecaria que escogió leer el cuento «El negrito Sambo» y que le afeó a Lorde que fuera tan sensible cuando no se sumó a las risas de los otros niños. Las niñas blancas mofándose de sus trenzas en sexto curso, siendo ella la única negra de todo el colegio. Escribe: «Mi madre, de piel clara, me mantuvo viva en un entorno donde mi vida no era una gran prioridad. Para ello recurría a todos los métodos que tenía a mano, que no eran muchos. Nunca hablaba del color de la piel. Mi madre era una mujer de gran valentía, nacida en el Caribe, que no estaba preparada para la vida estadounidense. Y me desarmaba con sus silencios. De alguna manera yo sabía que era mentira que los demás no se fijaban en el color».

Otro de los textos del libro reproduce una carta abierta que Lorde escribió a la feminista radical blanca Mary Daly después de que esta le mandara un ejemplar de un libro que había escrito y solo hacía mención a las mujeres negras en un capítulo sobre la ablación en África. A Lorde le pareció incomprensible. «Ambas pertenecemos a la comunidad de mujeres, pero el racismo es un factor que afecta a mi vida y no a la tuya. Las mujeres blancas encapuchadas que reparten panfletos del Ku-Klux-Klan en las calles de Ohio seguramente censurarán tus palabras, pero a mí me pegarán un tiro nada más verme», redactó.

A veces, para alzar la voz, es suficiente con mantenerse firme. Hay decisiones que cambian el curso de la historia. Hay mujeres que han sido valientes a rabiar con todo a la contra, cuando lo fácil era obedecer, no cuestionar, seguir las normas. En este libro, amigas, somos *fanísimas* de Rosa Parks. Démosle al *play*.

Cuando tenía diez años, un niño blanco amenazó a Rosa Parks con darle un puñetazo[4]. Rosa cogió un ladrillo y le dijo «atrévete». Cuando días después se lo contó a su abuela, se llevó una buena regañina. La abuela le dijo que los blancos eran blancos y que, si te hacían algo, no podías defenderte. Parks se enfadó y, entonces, su abuela le contestó que, de seguir así, la lincharían antes de cumplir los veinte.

La abuela se equivocaba. Siguió así, pero no la lincharon. Aunque no por falta de ganas.

Parks pasó a la historia por una tarde, la del 1 de diciembre de 1955. Como cada día, salió de trabajar y cogió el autobús. En Montgomery, Alabama, los autobuses estaban segregados desde 1900. Los asientos delanteros eran para los blancos y se entendía que los de la cola correspondían a los negros. Cuando los asientos para blancos estaban llenos y entraba otro blanco, los negros estaban obligados a cedérselo. Aquella tarde, Parks se sentó en uno de los asientos centrales. En la siguiente parada, subieron varias personas blancas que encontraron sitio. Pero un hombre se quedó de pie. El conductor les dijo entonces a cuatro personas negras que cedieran sus asientos. Nadie se movió. Insistió, de malas maneras. Tres de ellas obedecieron, pero Parks no se levantó, no, al contrario, se desplazó hasta el asiento de la ventanilla que había quedado libre.

Estaba harta de ceder. Hastiada de obedecer normas injustas. Ser dócil no había servido para nada hasta entonces. El conductor le recordó lo que tenía que hacer. Parks se negó. «Haré que te arresten», la amenazó. Ella contestó, imperturbable: «Sí, puede hacerlo». Y permaneció quietecita en su asiento.

Llegó la policía. Y sí, la arrestaron.

Para entonces, Parks era miembro de la NAACP (la Asociación Nacional para el Progreso de las Personas de Color). Cuenta en sus memorias: «Desde finales de la década de 1930, o incluso antes, y hasta finales de la década de 1940, lo cierto es que no supe de demasiadas mujeres que intervinieran en la lucha por los derechos civiles. Por supuesto, yo no lo hacía entonces tampoco, era demasiado joven. Sin embargo, una vez llegados a finales de la década de 1940 o entrados ya en la de 1950 o 1960, las mujeres empezaron a alzar la voz y a ser cada vez más activas. Cada vez más se intentaban registrar para poder votar y acudían a las reuniones de votantes». Al principio, en la asociación local, solo eran Parks y otra mujer. A Parks la encerraron y, cuando la soltaron, fijaron el juicio para cuatro días más tarde. Su amigo, y presidente local de la NAACP, le preguntó si estaba dispuesta a hacer que su caso sentara un precedente contra la segregación. ¿Lo estaba? Lo estaba. La asociación organizó un boicot de autobuses para el día del juicio. Repartieron panfletos en los que contaban lo que le había ocurrido a Parks y escribieron que los negros también tenían derechos y, que si dejaban de usar los autobuses, siendo, como eran, mayoría aplastante entre los usuarios, estos no podrían seguir circulando. «No uséis los autobuses para ir a trabajar, a la ciudad, a la escuela o a ningún otro sitio el lunes. Puedes permitirte no ir a clase un día. Si trabajas, ve en taxi o a pie. Pero, por favor, niños y adultos, no uséis el autobús el lunes», pidieron.

Movilizaron a los ministros religiosos negros. Se reunieron con un periodista blanco que el lunes publicó el folleto en portada. Aquel fue un lunes con luces de neón. Imagináoslo. Los negros se unieron masivamente al boicot: cogieron taxis, coches o fueron a pie. Los autobuses circularon prácticamente vacíos. Solo los que no se habían enterado de la protesta, cogieron el autobús. «Era la primera vez que la comunidad negra de Montgomery se había unido para protestar contra la segregación en los autobuses», evoca Parks en sus memorias. Pero en el juicio la declararon culpable de haber violado las leyes de segregación y fue multada.

Aquella misma noche varios reverendos formaron la Asociación para la Mejora de Montgomery y eligieron como presidente a Martin Luther King, un recién llegado a la ciudad que acababa de estrenarse en la lucha por los derechos civiles. Votaron seguir adelante con el boicot y exigir tres demandas: un trato cortés por parte de los conductores, ocupación de los asientos por orden de llegada con los blancos delante y los negros detrás y la contratación de chóferes negros para las rutas por los barrios negros. Los representantes de la ciudad y los de la compañía de autobuses se negaron a negociar y prosiguió el boicot. Durante ese tiempo, Parks recibía llamadas a su casa en las que le decían que era la culpable y que merecía que la mataran. Parks, King y más de ochenta personas llegaron a ser arrestadas por participar en aquella protesta.

Transcurrieron los meses. No se rindieron. Finalmente, en noviembre de 1956, el Tribunal Supremo de Estados Unidos falló a su favor: la segregación en los autobuses era inconstitucional. La orden escrita llegó un mes después, el 20 de diciembre. El boicot había durado un año. Al día siguiente, las personas negras volvieron a los autobuses. Al principio no fue fácil. Hubo ataques, acoso y violencia. Los Parks recibían llamadas con amenazas, el marido durmió durante un buen tiempo junto a una pistola.

Acabaron mudándose a Detroit.

La célebre fotografía de Parks, en la que la vemos sentada en la ventanilla de un autobús, corresponde al día de diciembre en el que volvieron a subir a los autobuses. Posó mucho rato, a propuesta de los periodistas. Contaba en sus memorias: «La verdad es que habría preferido no hacerlo. Creo que subí a dos autobuses y en cada uno tomaron fotos, hasta que se cansaron. El periodista se sentó detrás de mí en todas las fotografías».

¿Hay algo más pesado que un periodista con afán de protagonismo? Yo os lo digo: no.

Sigamos. Otra manera de alzar la voz es a ritmo de blues. Enseguida os lo cuento.

El día que Parks no quiso levantarse del asiento, Angela Davis tenía once años. La filósofa feminista nació a tan solo 145 kilómetros de Rosa Parks, en la ciudad de Birmingham, también en Alabama, en 1944. A día de hoy está considerada una de las grandes activistas por los derechos humanos y en contra de la discriminación racial. En 1969 fue despedida de la Universidad de California por estar afiliada al Partido Comunista y llegó a estar en la lista de los más buscados del FBI.

A finales de los años noventa, Davis publicó el libro *Blues legacies and black feminism,*[5] en el que analiza la obra de tres artistas clave en la cultura popular estadounidense —las artistas Getrude «Ma» Rainey, Bessie Smith y Billie Holiday— y llega a la conclusión de que estas *blueswomen* fueron pioneras en cuestionar el discurso patriarcal. Davis observó que las interpretaciones de estas tres mujeres eran excelente materia prima para examinar la conciencia feminista en las comunidades negras de clase trabajadora.

Las cantantes negras fueron las primeras en grabar discos de blues. Este género musical se desarrolló en las décadas posteriores a la abolición de la esclavitud y era fruto de una nueva realidad, la de la libertad. El blues, que había nacido como algo muy masculino, muy de señor solitario con un banjo, tuvo siempre la sexualidad como tema central. Con el crecimiento de la industria del entretenimiento de la comunidad negra, el blues femenino fue creciendo en importancia hasta ser un elemento crucial.

En el blues de mujeres la sexualidad también era un tema protagonista. Pero ellas rompieron los clichés. En sus canciones, casi nunca hay esposas ni madres. No hay mujeres pasivas esperando a que sus maridos vuelvan a casa, ni mamás solícitas preparando lasañas. Para Davis: «La escasez de alusiones al matrimonio y a la vida doméstica en el blues de las mujeres se volvió muy significativa. En la interpretación de Bessie Smith de *Sam Jones Blues*[6], que contiene una de las pocas referencias sobre el matrimonio que se encuentran en su obra, el tema se menciona únicamente en relación con su ruptura. Su interpretación de esta canción acentúa satíricamente el contraste entre la construcción cultural dominante del matrimonio y la postura de independencia económica que las mujeres negras se vieron obligadas a asumir para su mera supervivencia».

Es muy gráfico, como explica Davis, el índice de temas que realizó una académica de estudios afroamericanos[7] enumerando de qué trataban las canciones de las *blueswomen*. Encontró alcohol, abandono, amores fallidos, tristeza, infidelidades, muerte, suicidio, maltrato, sexo, pobreza. Pero ni rastro de menciones a la vida doméstica. Nada de cuentos antes de dormir, de recetas de *mac and cheese* ni de reuniones de padres.

Apunta Davis: «La ausencia de la figura materna en el blues no implica un rechazo de la maternidad como tal, sino que más bien sugiere que las mujeres del blues consideraban que el culto dominante a la maternidad era irrelevante para la realidad de sus vidas. Las figuras femeninas evocadas en sus blues son mujeres independientes, libres de la ortodoxia doméstica de las representaciones predominantes de la feminidad a través de las cuales se construyeron los sujetos femeninos de la época».

En las más de 250 canciones grabadas por Smith y Rainey solo en cuatro, todas de Smith, se refieren al matrimonio de un modo en el que se sobreentiende una relación conyugal. Para Davis, las canciones de ambas pueden interpretarse como una preparación histórica para la protesta política. «Son mucho más que una queja, ya que comienzan a articular una conciencia que tiene en cuenta los condicionamientos sociales de la explotación de clases, el racismo y la dominación masculina, vistos a través de las lentes de las complejas respuestas emocionales de las mujeres negras. Aunque no haya una línea directa con el activismo social, las posturas activistas son inconcebibles sin la conciencia que sugieren estas canciones».

Billie Holiday tenía 24 años en 1939, cuando grabó *Strange Fruit*[8], la canción que ella definía como su protesta personal contra el racismo y que, como argumenta Davis, transformó radicalmente su estatus para convertirla en una figura fundamental en la música negra que abordaba la discriminación racial. Holiday la incorporó en su repertorio permanente desde el principio de componerla, pero le costó convencer a su sello discográfico de que la dejaran grabarla. Cuando, al fin, lo hicieron y millones de oídos escucharon *Strange Fruit,* a muchos se les despertó la conciencia política.

Holiday grabó aquella canción el mismo año que acabó la guerra civil española. La guerra supuso el exilio para medio millón de españoles. Gran parte de los exiliados fueron mujeres. Entre ellas, había maestras, artistas, escritoras, científicas. La cineasta y escritora Tània Balló habla de ellas en *No quiero olvidar todo lo que sé*[9], el tercer volumen de sus libros sobre «Las Sinsombrero», protagonizado por mujeres como Luisa Carnés, Concha Méndez o Silvia Mistral. Mujeres artistas e intelectuales a las que no les quedó otra opción que empezar una nueva vida desde cero, lejos de casa, luchando por sobrevivir en países ajenos. Tuvieron que buscar trabajo para mantenerse, a ellas y a sus familias, y para poder volver a dedicarse a sus vidas artísticas.

Entre las mujeres en el exilio se crearon vínculos de profunda amistad. «La amistad es una característica de esta generación de mujeres. En España, en sus inicios, tuvieron que apoyarse mutuamente para poder ser reconocidas como artistas e intelectuales ante una sociedad que negaba su legítimo derecho a ser ellas mismas. Ahora, en el exilio, de nuevo, la amistad se presenta como la única manera de romper la enorme soledad que las acompaña. Lejos de las familias, estas mujeres tienen que afrontar el devenir de sus vidas sin red. La maternidad, el matrimonio, el trabajo, los divorcios, la muerte. Pero no se dan por vencidas. Ellas se ayudan. Esa es la única forma de supervivencia», escribe Balló.

Lucharon para ser respetadas y para sobrevivir. Fueron mujeres a las que la posguerra y la ideología olvidaron de un plumazo. Y aun así, pese a todo, se sostuvieron las unas a las otras, se apoyaron. Tejieron uno de los hilos que nos salva cuando el mundo nos es abiertamente hostil: la sororidad, que no es otra cosa que el decir estoy aquí, a tu lado, contigo y haré todo lo que esté en mi mano para que no caigas, para que no te rindas.

Cada vez que alzamos la voz provocamos un eco. Un eco que lleva siglos reverberando. Ahora es nuestro turno. Nos toca a nosotras romper el silencio.

19

SOMOS LAS NIETAS DE LAS BRUJAS QUE NO PUDISTEIS QUEMAR

Era rabia. Pura rabia colectiva. Una corriente eléctrica nos recorría el cuerpo, nos agarrotaba los músculos. La indignación se nos acumulaba en la garganta, como si fuera un nudo grueso con textura de esparto, tragar saliva dolía. Aquel día, en la redacción de la radio, en las colas de los supermercados, esperando a niños en babi a las salidas de los colegios, en oficinas, laboratorios, en los parques, en los salones de las casas, bajo uniformes de trabajo, de batas de limpieza, muchas, y muchos, teníamos ganas de gritar, de quemarlo todo.

La sentencia decía que aquello no había sido una violación. Que te podían joder la vida y no pasaba nada. Que si con dieciocho años te ibas una noche de fiesta y cinco hombres acaban violándote en un portal, penetrándote por turnos, grabándolo en vídeo y robándote el móvil antes de irse, pasaba poca cosa. Que ser mujer era asumir que la calle a partir de cierta hora era un lugar hostil, y que cuidadito. Cuidadito con beber, cuidadito con hablar con desconocidos, cuidadito con ir sola por el mundo, porque luego, si te sucede algo, analizaremos cuánta parte tienes de culpa. Tú te lo has buscado. Qué querías. Qué te pensabas. Qué pretendías, niñata, qué no habías entendido todavía.

Tu cuerpo no te pertenece, murmuraba aquella sentencia entre líneas. Otros lo desean y tratarán de apropiarse de él. Eres tú la que tienes que protegerte. Eres tú la que debe saber que las madrugadas son peligrosas. Eres tú la que hará bien en vivir con el miedo incrustado en el cerebro, por eso te contamos de niña todos esos cuentos, ¿qué no entendiste de la ferocidad de los lobos, de ir sola por los caminos, de hablar con desconocidos? ¿Para qué perdimos el tiempo llenándote la cabeza de moralejas? Te has hecho mayor y, ahora, si alguien te viola, lo primero que querremos saber es qué hiciste tú para evitarlo, qué hiciste tú para provocarlo. ¿Hablaste con ellos? ¿Te dejaste acompañar? ¿Besaste a uno? ¿Entraste por tu propio pie en ese portal? ¿Peleaste, pataleaste, te defendiste? Sí, pero, nada. No queremos peros. Queremos certezas. Sí o no. Responde.

El 26 de abril de 2018, la sección segunda de la Audiencia Provincial de Navarra condenó a los cinco miembros de «La Manada» a nueve años de prisión por abusar sexualmente de una chica en los Sanfermines de 2016.

Los magistrados no lo consideraban una violación porque no observaban ni violencia ni intimidación. Habían visto los vídeos. Los vídeos que aquellos hombres grabaron para dejar constancia de su hazaña (unas horas después de que la dejaran tirada en un portal, uno de sus violadores escribió en un chat de amigos llamado «Disfrutones SFC»: «follándonos a una los cinco, todo lo que cuente es poco, puta pasada de viaje, hay vídeo»). Habiendo visto esas imágenes, insisto, los jueces decían tener claro que la víctima no consentía, que, en todo momento, mostraba una actitud de sometimiento y sumisión. Pero no, violencia no había. No existió, dictaminaron, «un medio físico para doblegar la voluntad de la denunciante, que implica una agresión real más o menos violenta, o por medio de golpes, empujones, desgarros; es decir, fuerza eficaz y suficiente para vencer la voluntad de la denunciante y obligarla a realizar actos de naturaleza sexual».

Uno de los jueces fue un paso más allá. Según afirmaba el magistrado Ricardo González en su voto particular, él veía «jolgorio y regocijo» en el ambiente de aquella violación y una «desinhibición total» de todos los implicados. No apreciaba, sin embargo, «signo alguno de violencia, fuerza o brusquedad ejercida por parte de los varones sobre la mujer». Tras conocer la sentencia, las calles se llenaron de protestas. Las redes se incendiaron. Los editoriales, las columnas de opinión, clamaban contra la ceguera de aquella decisión.

Esa misma tarde, el director de *La Ventana*, Carles Francino, abría el programa con consternación. Decía: «La diferencia entre violación y abuso es que en el primer caso debe mediar violencia o intimidación. Pero, claro, con cinco tíos, hechos y derechos, en el rellano de una escalera... uno piensa: ¿qué más falta para intimidar? Le podían haber dado una paliza, claro, pero hombre, en fin. Lo que parece haber triunfado, al menos en parte, es todo el abanico de dudas que sembró la defensa de los acusados, incluida la difusión de aquel informe sobre la vida de la chica después de ser agredida; que si llevaba una vida aparentemente normal y todo eso [...] Yo creo, sinceramente, que el mensaje de restarle gravedad a esos hechos resulta muy peligroso, muy nocivo».

Unas horas más tarde, la entonces directora de *Hora 25*, la periodista Àngels Barceló, afirmaba: «A la chica de Pamplona la violaron, y no lo digo yo, lo dice la sentencia que han emitido los jueces, lo dice su argumentación, aunque al final de exponerla ellos consideren que solo hubo abusos sexuales. Lo que la sentencia narra, con todo lujo de detalles, se llama una violación, con todas las letras, violación». Y se preguntaba: «¿Qué les decimos a nuestras hijas ahora? ¿Qué les decimos que tienen que hacer cuando vuelven de noche a casa y un, dos o cinco hombres intenten violarlas?».

¿Qué les decimos a nuestras hijas? ¿Qué les contamos? Quizás aquellos jueces ignoraban que no es lo mismo ser mujer de noche que de día. Que nosotras, antes de salir de casa, planeamos cómo volveremos a ella. Que elegimos nuestra vestimenta en función de si vamos a regresar solas o acompañadas. Que anticipamos potenciales peligros. Sabemos que hay calles que no nos convienen de noche, que es mejor hacer un trayecto más largo que acortar por lugares solitarios. Desconocían, tal vez, que a nosotras nos sale más caro salir de fiesta porque muchas veces la forma de volver a casa sin sustos es coger un taxi. No sabían, me temo, que simulamos llamadas telefónicas, que trotamos por las calles con las llaves colocadas estratégicamente en el puño cerrado. Que la sangre se nos congela si nos dicen algo, si nos sentimos amenazadas. Que a veces sonreímos, en vez de mandar a la mierda, porque calculamos, en milésimas de segundo, que eso es lo más seguro. Sonreír y seguir. Muchas noches terminan con el corazón martilleándonos en el oído. Esa es la banda sonora de nuestras madrugadas. Y que nos cuidamos las unas a las otras. Que no estamos tranquilas hasta que nuestras amigas nos dicen que ya están en casa, que ya han llegado. Y entonces sí. Entonces ya pueden ser buenas noches.

Esa primera sentencia del caso de la Manada llegó mes y medio después de un 8 de marzo histórico, el de la primera huelga feminista, las marchas multitudinarias, y las reivindicaciones. En 2018 hubo un despertar feminista. Una inmensa mayoría de mujeres llegamos a la conclusión de que hasta aquí. Que ya no más.

Romper el silencio. Alzar la voz. Perder del miedo.

Unos meses antes de aquel 8 de marzo que fue una patada en el culo del patriarcado, estalló el #MeToo. El 5 de octubre de 2017 —y al día siguiente en la edición en papel—

dos periodistas de *The New York Times*, Jodi Kantor y Megan Twohey, firmaban el reportaje que destapó los abusos que, durante décadas, el afamado productor de cine Harvey Weinstein había infligido a numerosas mujeres. En 2019 relataron toda la investigación en el libro *She said*[1], que reconstruía cómo las periodistas encontraron a las víctimas, las convencieron para hablar y consiguieron denunciar la práctica habitual del productor, que silenciaba a las mujeres a través de pagos y cláusulas de confidencialidad.

Weinstein tenía un patrón habitual: las víctimas eran chicas o actrices jóvenes, recién llegadas a su empresa o al mundo del cine, a las que citaba para una reunión de trabajo que acababa siendo en una suite de hotel. Cuando acudían, las recibía en albornoz y les ofrecía champán. Y allí empezaba el infierno.

La actriz Rose McGowan les contó que, en 1997, cuando era una de las actrices del momento, Weinstein le pidió, tras la proyección de una película en la que se sentaron juntos en el Festival de Sundance, una reunión. Ella acudió a su habitación de hotel. Antes de marchar, él tiró de ella hasta el baño, la desnudó y metió la cara entre sus piernas. La actriz narró a las periodistas cómo se sintió: «Estaba en shock total y entré en modo supervivencia». Solo pensaba en escapar. Fingió un orgasmo y huyó. Días después él le dejó un mensaje en el contestador proponiéndole ser una de sus «amigas especiales». Ella se quejó a sus representantes, contrató a un abogado y llegó a un acuerdo económico. McGowan donó el dinero a un centro de víctimas de violación.

Otra actriz, Ashley Judd, les contó una historia similar. En 1996, con veintipocos años, conoció al productor en un evento en Los Ángeles. Quedaron en reunirse. Él la citó en una suite de la que Judd se fue pitando a la que pudo porque desconfiaba de las intenciones del productor. Días más tarde, él la invitó a desayunar en un hotel de Beverly Hills.

Ella consideró que aquel horario era más seguro. Se equivocaba. Weinstein la recibió en albornoz. Desde el principio del encuentro, empezó a proponerle *jueguecitos* a los que ella se negó. Las peticiones fueron subiendo de tono hasta llegar a pedirle que le observara mientras se duchaba. Ella no sabía cómo escapar. Temía perjudicar su carrera si le respondía mal o se mostraba borde. Acabó por decirle: «Te propongo un trato, Harvey. Cuando gane un Óscar gracias a una película de Miramax, te haré una mamada». Dicho lo cual, se largó.

A la actriz Gwyneth Paltrow le pasó algo parecido antes del rodaje de la película *Emma*, a mediados de los años noventa. Weinstein la citó en un hotel, hablaron de trabajo y, al finalizar la reunión, él colocó sus manos sobre ella y le propuso darse unos masajes. Ella se negó. Él insistió. Pero Paltrow se fue.

Otras mujeres no fueron capaces de reaccionar. Laura Madden tenía 21 años cuando fue contratada durante el rodaje de una de las películas de Miramax para atender llamadas y hacer recados en el set. Un día la enviaron a la habitación del productor, que la recibió en albornoz, con champán y una fuente de sándwiches. Él la felicitó por su talento y le prometió un puesto de trabajo en las oficinas de Londres. Luego le dijo estar agotado y le pidió un masaje para relajarse. Ante la petrificación de Madden, Weinstein le propuso hacerle uno primero a ella. Hizo que se quitara la camiseta y el sostén. La sobeteó. Después le sacó el pantalón, se puso encima de ella, completamente desnudo, y se masturbó. Ella estaba asqueada y aterrorizada. Le pidió que la dejara en paz. Pero él continuó. La llevó hasta la ducha y continuó masturbándose. Para entonces, ella lloraba con tanta desesperación que él la apartó, molesto. Madden se encerró a llorar, después cogió sus cosas y huyó.

Durante años, Madden se sintió responsable y culpable de la agresión. Tiempo después, cuando accedió a hablar con las periodistas, estaba en un momento muy vulnerable de su vida: acababa de superar un cáncer de mama, estaba recién divorciada y a cargo de cuatro hijos adolescentes. Cuando al cabo de unos meses Madden les dio el permiso para ser citada en el reportaje, lo hizo mediante un correo electrónico en el que escribió: «Siento que hablo en nombre de las mujeres que no pueden hacerlo porque sus medios de subsistencia o matrimonios podrían verse afectados. Soy madre de tres hijas y no quiero que tengan que aceptar como "normal" este tipo de conducta abusiva en ningún contexto. He tenido que hacer frente a una serie de problemas de salud que me han cambiado la vida, y sé que el tiempo es muy valioso y que plantar cara a los matones es importante. Mi decisión cuenta con el apoyo de toda mi familia. Me complace formar parte del artículo».

Los casos de abusos se alargaron durante décadas. Solo unos años antes de la publicación del reportaje, ya en 2014, una joven contratada como recepcionista para cubrir el periodo navideño fue acosada en su segundo día de trabajo (¡el segundo!) por el productor, que la citó para desayunar en el hotel y le ofreció sexo a cambio de privilegios. La chica pudo escapar después de estar rechazándole durante una hora.

Todas aquellas mujeres fueron valientes al contar su historia para que nunca más ninguna otra tuviera que pasar por aquello. Lo hicieron movidas por la sororidad. Por el sentido de la justicia. A todas les costó aceptar. No querían denunciarlo solas, querían que su voz se sumara a la de otras víctimas. Y les aterraban las reacciones. Que las acusaran de ser unas embusteras.

Weinstein intentó impedir la publicación de aquel reportaje por todos los medios. Se mostró arrogante, burlón. Se creía inmune, a salvo. No fue así.

Aquel reportaje hizo que su imagen saltara por los aires. Y tuvo consecuencias. Para empezar, muchísimas mujeres empezaron a ponerse en contacto con las periodistas para dar su testimonio, para relatar sus propios infiernos *made in Harvey*. Y, además, fue la casilla de salida del movimiento #MeToo, que, días después de la publicación del reportaje, llenó las redes de tuits de mujeres que, quizá por primera vez, confesaban que habían sufrido acoso o agresión sexual tras la cadena iniciada por la actriz Alyssa Milano.

En España, tras la sentencia vergonzante de la Manada, Cristina Fallarás creó el hashtag #cuéntalo en Twitter para que las mujeres hablaran de las agresiones sexuales sufridas en primera persona. Aquello se viralizó en cuestión de días. Al cabo de quince días, tres millones de mujeres de España y Latinoamérica habían usado la etiqueta.

¿Por qué tantas mujeres se lo habían callado durante años? ¿Por qué las víctimas de Weinstein arrastraron, en soledad, la culpa y la vergüenza? Porque la víctima acostumbra a sentirse culpable. Siente que pudo parar y no lo hizo. Que quizás algo, con su actitud, propició el abuso.

Los últimos años han supuesto un antes y un después para muchas mujeres. Ha sido un curso exprés de feminismo. Para ello ha sido fundamental que otras rompieran el silencio. Que nos contaran que callaron por miedo, porque el mundo no estaba de su lado, porque pensaron que para qué. Las mujeres hemos perdido el miedo.

Los hay que no lo han comprendido. Nos llaman amargadas, exageradas, histéricas, feminazis. Se burlan en las redes, en foros, empuñan adjetivos en desuso en columnas de opinión. Un ejército de hombres enfadados que repiten frases encabezadas con «ahora ya no se puede ni», «hay que ir con cuidado para que no te tachen de», «no me atrevo a». Se ofenden, patalean. Todo lo encuentran absurdo. Que sintamos miedo, que las leyes nos protejan, que no puedan perseguirnos un rato por la calle si tienen el día tonto. Añoran tiempos peores en los que nuestros cuerpos estaban a libre disposición de su deseo. Les estalla la cabeza con conceptos como acoso callejero, cultura de la violación o consentimiento.

Cuando en verano de 2022 se aprobó la conocida como ley del «Solo sí es sí» algunos de ellos se preguntaron, abrumados, si a partir de entonces tendrían que firmar un contrato para acostarse con una mujer. Como si estar seguro de que una chica quiere mantener relaciones sexuales contigo antes de meterle mano, fuera una traba, un impedimento, un trámite farragoso. Lo grave era que no lo hubiese sido hasta entonces. Que algunos consideraran normal acostarse con una chica semiinconsciente. Unos meses antes, un *streamer* de cuyo nombre no quiero acordarme, hablaba con admiración de un amigo que siempre conseguía ligar porque iba directamente a chicas colocadas o borrachas. Un *crack*, *un puto pro*, le llamaba.

Este es un país lleno de *putos pros*. Cuantísimas mujeres tienen una historia para no dormir. ¿La tienes tú? *Putos pros* que se enfadan si no queremos acostarnos con ellos; presuntos amigos que nos presionan porque creen merecer un polvo de agradecimiento tras haber fingido escuchar nuestros dramas y empatizar con nuestras penas; adultos que flirtean con menores; hombres con los que hay que insistir para que paren. *Cracks* afines al acoso callejero, a meter mano en el metro, a mandar fotos no deseadas de sus genitales por redes sociales o que se acuestan con nosotras las noches en las que no nos sostenemos en pie.

El verano de los *ofendiditos* que exigían contratos e instancias para poder dormir acompañados fue, también, el verano de los pinchazos, del miedo a la sumisión química. Las autoridades observaron que hubo chavales que disfrutaban asustando a las chicas. No les inoculaban nada, jugaban con su miedo pinchándolas con alambres. ¿Dónde está el placer en asustarnos y mantenernos alerta? Que nos lo expliquen, nos morimos de ganas de encontrarle la gracia y reírnos.

El auge del feminismo ha provocado una oleada de machismo, de actitudes reaccionarias. Los partidos políticos de la derecha y ultraderecha han jugado a tergiversar los conceptos, a banalizarlos, a poner en duda desde el miedo de las mujeres —la presidenta madrileña Isabel Díaz Ayuso hacía mofa en mayo de 2022 con lo de «sola y borracha quiero llegar a casa»— hasta la violencia de género.

El mensaje de «son unas histéricas y mienten» ha calado. Según datos de la Fundación Fad[2], uno de cada cinco hombres de entre 15 y 29 años cree que la violencia de género no existe y que es un «invento ideológico». Es para echarse a temblar.

Como los hay que ven en las mujeres a unas mentirosas compulsivas, nos culpan de destrozar la vida a los agresores. Somos las responsables de destrozar la vida a los pobres chicos a los que la noche les confunde y cometen un error. Lo describía perfectamente la periodista Begoña Gómez Urzaiz en un artículo en *La Vanguardia* titulado «Pobre chaval, el violador»[3], publicado tras la sentencia del futbolista Santi Mina, en la primavera de 2022, que condenaba al jugador a cuatro años de prisión por un delito de abuso sexual. Durante el juicio, llegó a comparecer un detective privado que había contratado el futbolista para determinar si la víctima llevaba una vida normal o no. La abogada del jugador le preguntó al detective si la mujer tomaba copas y si vestía con falda y ropa ajustada. Por lo visto, no vale con ser víctima, hay que actuar como tal. ¿Qué es lo adecuado? ¿Encerrarse en casa? ¿Hacerse monja? Ojalá nos ilustren.

Al conocerse la condena, como explicaba Gómez Urzaiz, el abogado del jugador declaró en la radio gallega que aquello había sido «una mala borrachera, un error». Por su parte, el diario *La Razón* tituló la información sobre la sentencia con un «La noche que arruinó la carrera de Santi Mina». Suenan a excusas de madre con hijo en preescolar tras la nota en la agenda de la maestra anunciando que el niño ha vuelto a morder a un compañero o se ha negado a dormir la siesta. Pero no, ojalá, lo que decía la condena era que Mina introdujo el pene en la boca y los dedos en la vagina a la chica sin su consentimiento. Escribía Gómez Urzaiz: «Hay toda una constelación internacional de buenos chavales a los que una mala noche truncó un futuro prometedor, que iba a estar lleno de novias formales y coches y empleos bien remunerados».

No hay noches que truncan vidas. Hay decisiones, agresiones, abusos que destrozan las vidas de las víctimas. Que no nos líen. Si quieres una vida normal, no agredas a nadie. Si no eres capaz de salir una noche y no violar a nadie, busca ayuda urgente y, mientras tanto, no salgas de casa.

Entre tanto, debates superados, como el del aborto, han vuelto a la palestra de la mano de los de siempre, a base de movilizaciones, recursos de inconstitucionalidad y discursos que apestan a naftalina. En junio de 2022, el Tribunal Supremo de Estados Unidos derogó la sentencia que garantizaba el derecho al aborto. El infierno siempre está a dos pasos de distancia, amigas. Tengamos cuidado.

Algo pasa con nuestros cuerpos, nuestro deseo, nuestras opiniones y nuestra voz. Molestan. Pero, al fin, nos hemos adueñado de lo que es nuestro. Nos hemos hecho capitalistas de nuestro cuerpo. Sabemos que es propiedad privada, es nuestro y nosotras decidimos. Y no estamos solas. Somos muchas, muchísimas. Y juntas todo da menos miedo.

Hay un capítulo icónico en la serie *Sex Education*, en Netflix, en el que una de las protagonistas, una adolescente a la que un hombre adulto ha eyaculado en su ropa en el trayecto de autobús hasta el instituto, se siente incapaz de volver a subirse. Lo intenta, pero el miedo la paraliza. Una mañana, después de contarlo a sus compañeras de clase, chicas de su curso tan distintas entre ellas que ni siquiera son amigas, se las encuentra a todas en la parada del autobús. Están allí para acompañarla, para darle aliento, para demostrarle que no está sola, que la entienden, que lo que le ha pasado es terrible, pero que puede contar con ellas. «Es solo un estúpido autobús», le dice una de ellas, dándole la mano. Y sube. Claro que sube.

Nuestro día a día está lleno de estúpidos autobuses. Y a veces dan mucho miedo, incluso pánico. A veces estamos convencidas de que no podremos, de que no seremos capaces. Otras veces sentimos tanto dolor —puede ser un lugar tan sórdido el mundo— que, simplemente, querríamos huir. O escondernos. No estar.

Estos últimos años hemos visto, oído y entendido tanto, tantísimo, que ya no hay marcha atrás. Algunos pasos los daremos nosotras. Otros los darán nuestras hijas. Esperamos que las suyas puedan dedicarse a vivir en paz.

Que nunca se les olvide a los señores enfadados que somos las nietas de las brujas que no pudieron quemar.

20

EL DÍA DE MAÑANA

No recuerdo en medio de qué me pilló aquella conversación. Quizás estaba enjabonando el pelo de su hermano, rebuscando calcetines parejos en el cesto de la ropa sucia o sentada sobre la tapa del bidet con la mirada perdida —aquella mirada materna de última hora de la tarde en la que calculas lo mucho que falta para hacer lo único que deseas: dormir—; no lo sé. Pero sí, eso seguro, estaba en el baño cuando apareció mi hija y me dijo que aquel día, un niño de su clase «un poco machista» la insultó llamándola «feminista». Mi hija respondió con un «gracias». Él la miró extrañado y le preguntó que gracias por qué. Y ella, estrenándose en el género del zasca, le respondió que, al llamarla «feminista», le estaba diciendo que creía que los hombres y las mujeres eran iguales. Y que por eso le daba las gracias.

Aquello me pareció tan pedagógico que escribí un tuit explicándolo. Maldita la hora. Se viralizó y mis notificaciones se llenaron de odio. Había hecho el equivalente en Twitter a darle de comer a un *gremlin* pasada la medianoche: hablar de feminismo y de niños ocurrentes y hacerlo a la vez.

Información de servicio antes de continuar: Ni se os ocurra piar sobre las gracias de vuestros hijos. Twitter es *niñofóbico*. Avisadas quedáis. Sigamos.

¿Qué les escocía exactamente de aquella historia? Por lo que conseguí deducir entre *memes* que me acusaban de habérmelo inventado —¡*invent, invent*! bramaban los anónimos a golpe de tuit— y comentarios de señores ofuscados que pasaban por ahí a vomitar un poquito de odio antes de seguir con su *scroll*, el que una niña de nueve años supiera lo que era el feminismo era, para unos, inconcebible —lo compararon, en un arrebato de mordacidad, con un bebé que recitara a Kierkegaard—, y, para otros, me convertía en la Presidenta de Honor de las Feminazis. Ahí estaba yo, un miércoles de enero por la noche, mitad loca, mitad Simone de Beauvoir, rebozando croquetas. *Born to be wild.*

La viralidad duró lo que duran dos peces de hielo en un whisky *on the rocks* —aunque todavía recibo notificaciones de vez en cuando, lo que se parece un poco al dolor de las cicatrices cuando va a llover—, pero me sirvió para tener claras dos cosas: que la paz mental se consigue bloqueando a la gente estúpida (aprended, yoguis) y lo importante que es educar en el feminismo.

Unos cuantos años antes, la feminista y escritora nigeriana en lengua inglesa Chimamanda Ngozi Adichie escribió el texto «Querida Ijeawele. Cómo educar en el feminismo»[1], una carta dirigida a una amiga recién estrenada en la maternidad que le preguntó cómo criar a una hija feminista.

Adichie redactó una lista de sugerencias, entre ellas, que le enseñara que los roles de género eran una solemne tontería, que le inoculara el amor por los libros, que la ayudara a rechazar la obligación de gustar a todo el mundo, que le hablara de sexo desde bien pronto y que, en casa, normalizaran la diferencia.

Me pregunto a menudo si nuestras hijas serán distintas. ¿Habitarán el mundo convencidas de que les pertenece, serán seguras de sí mismas, exigirán que se las trate del mismo modo, acamparán en los despachos cuando no se les pague lo mismo que a sus compañeros de mesa, denunciarán las injusticias hasta quedarse afónicas, conseguirán dinamitar todos los techos de cristal, acabarán con el patriarcado? Me gustaría pensar que sí. Que su mundo será otro. Que cuando mi nieta encuentre en las estanterías de sus padres un ejemplar de este libro, les pregunte si todo lo que contaba era verdad o una exageración. Ojalá un: «¿La abuela se inventó todo esto?». Nada ansío más que ser incomprendida por mi nieta. Deseo que me considere una marciana. Quiero que publique en sus *stories* de Instagram, o en la red en la que pierdan el tiempo por aquel entonces, una foto de alguna de estas páginas junto a un «WTF» y que añada algún gif ingenioso.

Ojalá.

Educar en el feminismo a nuestras hijas es esencial. Tenemos que enseñarles de qué va el mundo, lo que no deberían permitir jamás y la importancia de plantar cara a las desigualdades de género. Pero donde nos la jugamos, amigas, es a la hora de educar a nuestros hijos. Tenemos que emplearnos a fondo desde que son pequeños. Ellos son una parte importantísima de este tinglado. Si conseguimos criar a hombres feministas, habremos ganado esta guerra.

Sí, nuestra suerte depende de que ellos también abracen el feminismo. Pero no el de chapa y camiseta. Queremos un feminismo combativo. Los queremos en nuestro equipo. Que no hagan y que no dejen hacer. Que no les rían las gracias a los energúmenos, que actúen si alguno de sus amigos está molestando a una chica, que comprendan la palabra «no», que tengan clarísimo, tan claro como su nombre, que el único cuerpo que les pertenece es el suyo. Hablémosles del consentimiento. Desde pequeños. No, no es necesario leerles ningún panfleto antes de dormir, pero llenémoslos de ejemplos. Antes de abrazar o dar un beso, pregunta. No interrumpas a quien habla. No opines sobre los cuerpos ajenos. Juega a lo que quieras. Ayuda a poner la mesa, hazte la cama, escribe la lista de la compra, así se pasa la escoba, así se recoge el plato después de comer. No, no hay cosas de niños y de niñas.

Puede parecer básico, ¿verdad? Y no, no lo es. Hace unos años asistí horrorizada a un desfile de carnaval del colegio en el que algunos niños —chicos— se negaron a disfrazarse porque el tema de aquella fiesta eran las pintoras. No tenían que vestirse de mujeres, eran libres de disfrazarse, por ejemplo, de una obra de arte pintada por una artista. Aquellos niños tenían diez años. Algunos de ellos desfilaron en chándal, con las manos en el bolsillo, en actitud desafiante, como dejando claro que el tema no iba con ellos. Otra clase se disfrazó de Dalí. Las niñas lucían bigote con alegría y normalidad.

Educamos a niñas en la igualdad y luego cumplen doce años y nos descubrimos cuestionando el largo de sus *shorts* y el tamaño de sus camisetas. Nos aterran los demás. Nos da pavor que puedan tener miedo o pasar por una situación desagradable. Nos odiamos entonces por ser unas incoherentes. Ellas nos preguntan que qué hay de malo en ese pantalón y titubeamos. El mundo puede ser un lugar peligroso para ti, pensamos. ¿Hemos estado doce años alimentando su libertad y ahora les ponemos pegas? No es justo. No tiene ningún sentido.

Lo dicho: eduquemos a nuestros hijos, estamos hartas de amargarlas a ellas con advertencias. Qué ganas de ver arder todos los «*cuidado*», los «*vigila*», los «*ojo*».

Este libro empezaba hablando del síndrome de la impostora y hemos ido buscando las miguitas en el camino. ¿Cómo hemos llegado a dudar de nosotras mismas? ¿Por qué nos boicoteamos si tenemos que hablar en público, ocupar un mejor puesto de trabajo, defender nuestro punto de vista o publicar un libro? ¿Por qué pensamos que se equivocan con nosotras, que nos consideran mejores de lo que somos, que somos un fraude y que todavía nadie se ha dado cuenta? ¿Quién nos ha enseñado todo esto? ¿Quién ha sido nuestro profesor particular en este Máster de la Inseguridad y del Sufrimiento?

Espero que a estas alturas coincidáis conmigo en que nuestro enemigo se llama patriarcado. Todos estos siglos en los que nos han intentado inculcar que éramos peores, que nuestras opiniones y conocimientos no valían nada, que el mundo les pertenecía a ellos, no han sido en balde. Se nos ha tratado como a unas intrusas. Unas listillas que han venido a fastidiarles la fiesta. Una panda de tontas caprichosas que reclaman su porción de la tarta.

Y nos lo hemos creído. No racionalmente, ojo. Sabemos que no tienen razón. No somos unas idiotas ni unas ingenuas. Pero esa vocecita interior, ese dictador odioso adicto a replicarnos, es tozudo y leal a su causa.

¿Qué podemos hacer? ¿Cómo lo echamos?

Os dije al principio que este no es un libro de autoayuda. No tengo intención de deciros cómo salir de esta, pero estoy convencida de que ser consciente de que es un mal común, que nos pasa a tantas, (n)os será de ayuda. Cualquier psicólogo serio (buscadlos siempre así, *porfi*, que las cabezas son material sensible) os contará que evitar lo que os da tanto miedo, no resolverá nada. Pero seguro que ya lo intuís. Que esa voz perversa se alimenta del pánico, se relame con la inseguridad, se hace grande cada vez que dices que no, que aúlla de placer cuando te escucha decir que no lo harás bien.

Esa voz no se irá si sigues obedeciéndola. No dejarás de sentirte una impostora mientras sigas dándole la razón. Agótala. Déjala sin argumentos. Habla, arriésgate, ponte roja, taquicárdica, juégatela. Cágate de miedo. Y qué.

Acuérdate de la voz que reverbera. De todas las que antes han abierto caminos, y lo han hecho, y han podido.

Estoy rodeada de mujeres inteligentes y talentosas que dudan de sí mismas a diario. Que se dicen cosas terribles, que sufren dolores de estómago por miedo a hacerlo mal, que temen equivocarse, que son incapaces de verse en un vídeo, de escucharse en una grabación, porque están convencidísimas de que se avergonzarán de sí mismas si lo hacen. Y no es verdad. Y no me creen.

Son incrédulas con ellas mismas. No necesitan enemigos porque el peor de todos habita en su interior.

Yo solo quiero que seamos tozudas. Que nos demos la bienvenida en todos los lugares que no nos quieren. Que convirtamos su hostilidad en un felpudo en el que limpiarnos los pies. Y que nos apliquemos el cuento con nosotras mismas.

Tenemos que echar a la voz de la impostura por inepta. Plantarle cara. Sabemos de dónde vienes. Sabemos lo que quieres. No te vamos a escuchar. No quieres que hagamos nada y lo haremos todo. Una vez. Y otra. Y otra más. Dinos lo que quieras. No has inventado nada nuevo. Otros han querido que fuésemos personajes secundarios, observadoras, sujetos pasivos. Y ya no más.

Lo haremos. Y lo haremos bien.

Nunca creí que acabaría este libro. No es que pensara que no lo haría bien, que también, es que pensaba que no lo haría. Que no podría. Sentía realmente que algún día tendría que escribir al editor y decirle que no había sido capaz. Que no podía. Que gracias, pero que no. Lo siento. Adiós.

Pero aquí estamos.

Hasta ahora me he dirigido todo el rato a vosotras, pero ahora necesito hablar un momento con ellos.

Hola. Si has llegado hasta aquí, gracias. Me gusta que hayas estado leyendo, escuchando, quizá con ganas de replicar, pero sin interrumpir. Guardando silencio. Quizá te preguntes qué pintas tú en todo esto. Qué haces metido en un libro de una tía que llama *amigas* a sus lectoras y que relata unos miedos y unas movidas delirantes. A ratos te he caído fatal. Tal vez piensas que tú también lo pasas mal cuando hablas en público. A veces te pones rojo cuando te sientes observado en una reunión. Claro que quieres hacer las cosas bien. Te creo. No lo dudo. Pero créeme tú a mí; es distinto. No dudas de tu capacidad. Te puede imponer una audiencia numerosa, pero estás seguro de merecerlo, tienes la certeza de que eres bueno en lo tuyo, a ver, te preguntas a veces, cuándo se van a dar cuenta los demás. Nosotras, las *noloharébienistas*, no. Tenemos a un juez implacable e insaciable que solo nos deja creer en nosotras una milésima de segundo después de que todo haya ido bien. Antes, queremos huir. Después, nos agarramos al más mínimo error y le damos vueltas y vueltas y vueltas. Cuando lo hacemos muy, muy bien, creemos que ha sido pura chiripa. Y nada nos sirve para la siguiente vez. Nada crea precedente. Siempre volvemos al mismo maldito punto de partida.

Ya que estás por aquí, te pediré un favor. Haz algo por nosotras. Es fácil, no te costará demasiado. Déjanos acabar las frases. Déjanos hablar. No nos interrumpas. Reconócenos el mérito cuando lo tengamos. Si alguna vez está en tu mano el elegir un candidato y nosotras somos objetivamente la mejor opción, escógenos. Danos la oportunidad. Confía. Ya nos encargaremos nosotras de domesticar a la bestia interior. Y por favor, por favor, por favor, nunca seas un *señoro*. Gracias.

Amigas, no sé cómo acabar. No sé si voy a hacerlo bien. ¿Y si pongo una frase que lo estropea todo? ¿Y si no doy con la palabra correcta? ¿Y si os decepciono con un final que no os gusta? ¿Y si no estoy a la altura de vuestras expectativas? ¿Y si os habéis hecho una idea completamente equivocada sobre mí? ¿Y si cerráis este libro asqueadas y no volvéis a abrirlo? ¿Y si pensáis que soy idiota, tonta, imbécil, o peor aún, una listilla, una enterada, una flipada? ¿Y si ahora mismo os dais cuenta de lo absurda que soy? ¿Y si esperabais otra cosa? ¿Y si contabais con una solución que no llega? ¿Y si no puedo acabar este libro nunca? ¿Y si me quedo atrapada en una lista eterna? ¿Y si me estoy alargando? ¿Y si me estoy quedando corta? Y si.

Basta.

Punto final.

EPÍLOGO

Rosa María Calaf, periodista: «Una mujer que tiene una carrera con cierto nivel de éxito siempre es cuestionable, siempre se busca una explicación que no tiene que ver con su trabajo».

(Barcelona, 1945. Licenciada en derecho y periodismo. Ha sido corresponsal en Moscú, Hong Kong, Nueva York, Buenos Aires, Roma, Viena y China. Es un referente del periodismo).

¿Por qué decidiste estudiar periodismo? ¿Era vocacional?

No, qué va. De hecho, estudié derecho porque pensaba hacer carrera diplomática. Cuando cursaba tercero se abrió la Escuela de Periodismo en Barcelona y, como siempre me había gustado mucho escribir, hice el examen de ingreso, entré y lo simultaneé con derecho. Fue una casualidad. No tengo antecedentes familiares en la profesión. Pero cuando empecé a meterme en el oficio y, sobre todo, cuando empecé a hacer radio, vi que aquello me gustaba muchísimo. La carrera diplomática en aquel momento estaba tremendamente jerarquizada, era muy machista, muy clasista y muy todo lo que no hay que ser. Y decidí dedicarme al periodismo.

Lo que sí estuvo siempre fue el interés por viajar y ver mundo...

Sí, el tema de viajar me viene de familia. Por suerte mi familia es muy viajera. Mi abuelo materno fue a la India a principios del siglo xx y mis padres viajaban muchísimo. Con 14 años me empezaron a mandar fuera los veranos, a estudiar. A finales de los años cincuenta era rarísimo que en España a una niña la mandaran sola al extranjero.

Después llegaron los grandes viajes. ¿Cómo era viajar sola por el mundo en los años sesenta y setenta?

Probablemente en aquel entonces era más seguro que ahora. La gente te acogía, te ayudaban. Había menos desconfianza. En el verano del 63 me fui por Europa en autostop un par de meses con un compañero de la facultad. Era algo muy raro en España en aquel entonces, pero bastante común en Europa. En Europa les llamaba mucho la atención que fuéramos españoles, nos veían como algo muy exótico, tenían la idea de una España muy atrasada, con la dictadura. Creo que el viaje es esencial para construirte como persona. Es fundamental conocer lo diferente. De lo igual no aprendes nada, es de lo distinto de lo que aprendes.

Fuiste una pionera en el periodismo. Cuando en los setenta empezaste en la tele había muy pocas mujeres periodistas...

En Barcelona el recibimiento fue, por una parte, de curiosidad. Un poco de «esta dónde va y a ver qué hace». También había una cierta condescendencia. Un: «Pobrecita, vamos a ver». Pero no encontré rechazo. Lo que es curioso, y es algo de lo que me he dado cuenta después, y que todavía ocurre mucho, es que acabas agradeciendo, como si fuera un regalo, el ser aceptada con normalidad. Piensas que has tenido suerte y que te has encontrado con buena gente. Y evidentemente lo son, pero debería ser siempre así.

Cuando fui avanzando en la profesión, y ya me fui a Madrid, encontré un cierto desconcierto. Éramos muy pocas mujeres reporteras. Cuando ibas avanzando, sobre todo en la sección de Internacional, te consideraban una intrusa y ahí sí tenías problemas.

Lo que era muy curioso era la valoración de mis primeras crónicas. Me decían: «Vi tu crónica ayer, estabas guapísima, qué bien te quedaba esa blusa». No era una valoración de mi trabajo. Eso me asombraba porque en Barcelona nunca me había ocurrido, nunca me lo habían dicho directamente. No era una humillación premeditada, ni lo hacían con mala intención, realmente pensaban que a mí me iba a gustar escuchar eso. Lo que hice fue empezar a hacer lo mismo. Les decía: «Ayer vi tu crónica, me encantó tu corbata». A las pocas semanas se dieron cuenta y aquello acabó.

El periodismo en aquellos años era un oficio muy señoro, ¿no? Ellos consideraban que era su parcela...

Sí, donde está la condescendencia está el paternalismo, esa sensación de que tienen que protegerte. Cuando empecé en las corresponsalías, y cuando ya tenía mano, te encontrabas con muchos hombres que no estaban a gusto bajo el mando de una mujer. La manera de calificarte siempre era la misma: o eras mandona o eras maniática. Eso nunca se decía de un hombre. De un hombre con la misma actitud se hubiese dicho que era determinado y minucioso.

Pasaban cosas muy graciosas, entre comillas, claro. Como llegar tarde a una reunión de diplomáticos, empresarios o políticos, y haberte perdido las presentaciones, y que de repente te preguntaran que de quién eras la mujer.

¡Incluso me han tachado de espía! Como había sido corresponsal en Estados Unidos, en la Unión Soviética, en China... me llegaban comentarios de que estaba vinculada a los servicios secretos. Una mujer que tiene una carrera con cierto nivel de éxito siempre es cuestionable, siempre se busca una explicación de su éxito que no tiene que ver con su trabajo.

Eso es, has dicho muchas veces que a nosotras la capacidad nunca se nos presupone...

La tienes que demostrar cada vez. Por mucho que hayas hecho, por mucha trayectoria que tengas, en el siguiente salto vuelves a ser puesta en duda otra vez. Se han roto moldes, pero sigue habiendo un mal intencionado escrutinio de nuestro trabajo y un muy bien diseñado descrédito de nuestro trabajo. Esto está ahí. Y tienes que saberlo y tenerlo en cuenta. Y es algo que cansa.

¿Has tenido síndrome de la impostora? ¿Has dudado de ti? ¿Te ha pasado?

Claro que sí. Durante muchos años, ahora no tanto. Pero nunca me ha frenado. Es algo que me ha pasado por la cabeza, pero no ha sido inhabilitador. Lo detectaba fácilmente y rápidamente me decía: «¡Qué demonios!». Todos nos hemos equivocado y lo seguiremos haciendo.

Lo que es curioso es que hace pocos años, casi ya jubilándome y después, cuando empecé con la actividad docente y divulgadora, empecé a estar muy preocupada por el posible error y por trabajar muchísimo los temas y los textos. A veces, cuando me proponían algo y decía que no porque no tenía tiempo de prepararlo, me decían, pero vamos a ver, si esto no te lo tienes que preparar, ya te lo sabes. Pero yo me lo preparo. Hace años leí sobre un informe que hicieron en Estados Unidos con mujeres con puestos de gran responsabilidad empresarial y académica y que decían seguir tremendamente preocupadas por prepararse, buscar todos los datos... cosa que ellos no hacen cuando llegan a esos niveles. Y yo pensaba: me está pasando algo así. Hay cosas que podía hacer sin preparármelas, porque consistían en hablar de algo que he vivido y conozco bien. Pero era incapaz. Si tenía que ir sin demasiado tiempo para prepararármelo, iba con angustia, como si me tuviera que examinar del PREU.

¿Y a eso le pudiste hacer frente o te sigue pasando?

Lo controlo, pero cuesta superarlo. Me doy cuenta de que me ocurre cada vez más. Tras pasar el COVID y con la edad, que evidentemente tienes menos memoria, me produce ansiedad. Lo apunto todo para no olvidarme, y me crea cierto nivel de estrés. Si te llaman es porque creen que puedes aportar, y eso es una responsabilidad.

¿Eres optimista con nuestro futuro?

Siempre he sido muy optimista, es mi posición vital. Pero cada vez estoy más preocupada. Hay una ola reaccionaria. Siempre ocurre: toda reforma provoca una contrarreforma y los sectores que se sienten amenazados emplean mucho esfuerzo, dinero y recursos en impedirlo. Estamos en un cambio de era y en todos los cambios de era hay tiempos de mucha turbulencia y muchas personas que se quedan atrás. Creo que a la larga todo mejorará. Pero estoy preocupada.

Sara Mesa, escritora: «Me siento muy insegura al hablar en público».

(Madrid, 1976. Es autora de, entre otros títulos, *Cara de pan*, *Un amor* y *La familia*, publicadas en Anagrama. La cineasta Isabel Coixet prepara la versión cinematográfica de *Un amor*).

Has dicho en alguna entrevista que siempre has sufrido síndrome de la impostora. ¿Recuerdas cuándo empezó a ser tu sombra? ¿De niña, de adolescente, ya de adulta?

Creo que empecé a sentirlo de adulta, aunque no me cabe duda de que las raíces de este sentimiento vienen de antes. Pero de niña y adolescente, siendo muy buena en los estudios, muy capaz y curiosa en general, jamás sentí que alcanzara algo que no mereciera. Más tarde sí, cuando empezó a irme mejor profesionalmente, cuando por ejemplo se me empezó a reconocer como escritora, comencé a tener esta sensación. Diría que apareció una vez sobrepasado el techo de cristal, o lo esperable para una mujer como yo.

El síndrome de la impostora se traduce en inseguridad, en miedo a hacerlo mal, a no estar a la altura de las expectativas, a ser mucho menos de lo que los demás creen que somos. ¿De qué modo condiciona tu día a día?

No sé qué parte de esto radica en mi propia personalidad y qué parte se debe a una conducta aprendida, pero lo cierto es que me siento muy insegura a la hora de hablar en público, algo que tengo que hacer a veces debido a mi trabajo. En estos casos me preparo mucho antes de participar, incluso por encima de lo exigido. Es algo que también me genera ansiedad, aunque estoy aprendiendo a controlarlo... o a disimularlo.

Eres una escritora reconocida y valorada. Pero, ¿sigues sintiendo el vértigo de la primera vez en cada nueva novela que publicas?

Sí, e incluso diría que cada vez más, porque a la vez que crece el número de lectores crece también el de *haters*, personas que me critican sin haberme leído —porque me critican a mí, no a mis libros— y que consideran despectivamente que estoy donde estoy solo debido al marketing. Esto, que no debería afectarme, sí me genera inseguridad sobre mi trabajo. Me hace dudar de aspectos que en sí resultan hasta ilógicos. Por ejemplo, podría llegar a preguntarme: ¿será verdad que es debido al marketing? Cuando en mi caso no existe tal marketing y mi camino ha sido más el de ir ganando lectores libro a libro. Pero me lo tengo que repetir con frecuencia, porque las dudas reaparecen cada vez.

¿Te sientes satisfecha o llena de dudas cuando terminas una novela?

Depende del caso. Con mi último libro, *La familia*, me sentí extrañamente satisfecha… hasta que empecé a recibir críticas como las que he comentado antes, que me hicieron tambalearme. Con otros, como *Un amor*, siempre tuve muchas dudas. Creo que hay una parte de autoexigencia interna en mi trabajo que no quiero perder, no creo que se deba exactamente al síndrome de la impostora. Veo a muchos hombres que tienden a la grandilocuencia cuando hablan de su trabajo, no veo en ellos autocrítica, y eso no lo quiero para mí.

¿Te sientes cómoda en las entrevistas?

No. Hay razones distintas. Al principio pensé que todo se debía a mi timidez, a un simple rasgo de mi carácter. Pero he reflexionado sobre esto y creo que en realidad hay varios factores en juego. Uno es mi perfeccionismo, el deseo de controlar lo que se dice de mí y de mis libros. En las entrevistas actuales, especialmente en la prensa escrita, muchos periodistas hacen un filtro de lo que se habla para llevarlo al terreno de debate de la actualidad que propicia la visibilidad de la pieza. Los libros se entienden como manifiestos o posturas ideológicas, notas cómo al entrevistarte van buscando una declaración llamativa, susceptible de convertirse en titular, aunque no recoja en realidad lo dicho y aplaste todos los matices. Prefiero las entrevistas por escrito porque así tengo más tiempo de pensar las respuestas y controlar el proceso. En directo, por educación, y esto sí creo que es una herencia muy femenina, me siento incapaz de contradecir a quienes me entrevistan y decirles, por ejemplo, que sus preguntas no tienen ningún sentido, están sesgadas o directamente son impertinentes. No soy una persona agresiva y me cuesta trabajo reaccionar con firmeza ante preguntas como, por ejemplo, una que me han hecho hoy mismo: «¿cómo te sientes siendo una escritora de moda?». Me preguntaba si esa misma cuestión se la plantean a escritores hombres de mi generación, a aquellos que, como yo, llevan ya varios libros a sus espaldas. Evidentemente, no: solo la visibilidad de las mujeres se cataloga como «moda», una forma condescendiente y despectiva de verlo. Bien, ante estas cuestiones puedo reaccionar por escrito, pero no cara a cara. Me gustaría pero no soy capaz, no todavía.

Otra cuestión al respecto de las entrevistas que me disgusta enormemente es el nulo o escaso filtro a los comentarios que hacen los medios online. Una mujer entrevistada es susceptible de recibir muchos más comentarios insultantes que un hombre. Uno de los socios de la revista *Jot Down* me lo confirmó: cada vez que entrevistan a mujeres reciben muchos más comentarios denigrantes que cuando los entrevistados son hombres. *Jot Down* los filtra, pero otros medios no. De modo que una sabe que ser entrevistada en ciertos medios es como ser puesta en la picota.

¿Mejoraría para ti el oficio de escritora si se tratara de escribir y ya está? Sin promoción, sin presentaciones, sin entrevistas...

Esto es complicado de decir para todos los casos. En el mío, una vez que tengo visibilidad y una masa lectora más o menos fiel, creo que este tipo de cosas sobran e incluso perjudican la escritura. En otros casos, supongo que es necesario.

Hay hombres que sufren el síndrome del impostor, pero en el caso de las mujeres tiene unas connotaciones distintas. El síndrome de la impostora no es una característica de la personalidad, es un autoboicot que compartimos muchas mujeres y que arrastramos a lo largo de los años, independientemente de nuestros logros. Siempre tenemos la sensación de que no lo haremos bien. ¿Por qué crees que nos pasa a tantas?

Es una cuestión educacional, creo que a muchas nos viene desde niñas. En mi infancia, la niña que hablaba mucho era una metomentodo, la que opinaba una sabihonda o una marisabidilla, si tenías madera de líder eras una sargentona. Yo soy del 76 y en mi colegio había un profesor que aseguraba que las niñas éramos más estudiosas pero los niños más inteligentes. Y aunque sin duda esto ya no se dice más, las mentalidades no cambian tan rápido, por no hablar de las secuelas en nuestra autopercepción. Hoy en día se oyen y leen muchas barbaridades similares que desacreditan a cualquier mujer que ocupe un espacio público. La percepción está tan alterada que incluso nosotras mismas podemos llegar a pensar que gozamos de privilegios, en vez de pensar en los privilegios de los que tradicionalmente han gozado los hombres.

A mí me han invitado a sitios donde he pensado que estaba por cuota, no por mí misma, y me ha costado trabajo ver que los que estaban por cuota —cuotas invisibles, claro— eran ellos, los hombres.

Hemos sido educadas en un mundo machista que intentaba dejarnos claro que ocupar el espacio público, liderar, expresar opiniones rotundas... no nos correspondía. Calladitas estamos más guapas. Tú qué sabrás. Condescendencia, interrupciones, mansplaining. ¿Cómo nos ha influido?

Nos ha influido en nuestra autopercepción. Muchas hemos sentido que estábamos en sitios que no nos correspondían. Que íbamos a ser desenmascaradas tarde o temprano. Que incluso nos hacían un favor dejándonos entrar en ciertos terrenos (y hemos sido agradecidas por ello). Aún más lamentable, y más triste, ha sido que nosotras mismas hayamos desarrollado estos pensamientos machistas. Yo, por ejemplo, me sentía más legitimada si un crítico hombre alababa mis libros que si lo hacía una crítica mujer. Esto lo he detectado más tarde con vergüenza, pero es así.

Hablando de mansplaining, condescendencia e interrupciones. ¿Te ha pasado mucho en charlas, coloquios o debates?

Me ha pasado montones de veces y, lo más sorprendente, por parte tanto de hombres mayores como hombres jóvenes, también por parte de hombres que supuestamente abanderan ideales progresistas. El ejemplo más palpable es la participación en mesas redondas o debates, donde ellos se han acaparado el tiempo de palabra, me han interrumpido, me han corregido o, en algún caso incluso, han hablado entre ellos sin dirigirse a mí. Quiero puntualizar que, por fortuna, esto no ocurre con todos los hombres, hay montones de ellos que son educados, escuchan y se comportan como verdaderos compañeros. Pero no es menos cierto que cuando se producen estas situaciones abusivas son hombres quienes las protagonizan, muy rara vez, o prácticamente nunca, mujeres.

Nerea Ibarzabal, bertsolari: «Soy incapaz de ver vídeos de mis actuaciones».

(Markina-Xemein, 1994. Periodista, *bertsolari*, escritora y guionista. Ella es una de las mejores *bertsolaris* de la actualidad. En 2019 participó en el libro *Reverso. Testimonios de mujeres bertsolaris*, de Uxue Alberdi y editado en castellano por Reikiavik Ediciones).

¿Cómo y cuándo empezaste a ser bertsolari*?*

Mi familia materna es muy aficionada. Cuanto tenía unos 11 años me apunté a la escuela de versos y me enganché cada vez más. Fue ganando peso en mi vida y ha terminado siendo mi profesión principal.

¿Sufres el síndrome de la impostora?

Sí. Muchas chicas *bertsolaris* lo sufrimos. Va por momentos, a veces lo controlas más y otras menos, pero es algo que te acompaña siempre, sobre todo cuando fallas en algo. Es la misma voz castigadora desde que tengo 12 años. Una voz que te dice: «Buah, es que estaba claro que no lo podías hacer», y cuando lo haces bien, te dice: «Bueno, es que es lo que tenías que hacer». Es una autoexigencia extrema.

Es tan habitual esto de minimizar los logros y dar vueltas a los errores, por pequeños que sean...

Es así. Pero con los demás no eres así. Si una compañera se confunde, no le das importancia, sabes tener compasión y valorar el trabajo ajeno, pero el tuyo no. Durante el viaje de vuelta después de una actuación, muchas *bertsolaris* vamos repasando los errores todo el rato. Si eres *bertsolari* a veces vas a casa *rayado*, pero en el caso de la mujer la carga es doble porque tardas mucho más en sentirte válida.

¿Dices que te pasa desde adolescente lo de pasarlo mal en los momentos previos a la actuación?

Sí. Disfruto cada vez más, pero los momentos previos, sobre todo ahora que estamos en pleno campeonato nacional, sufro muchísimo. Y a la vez tienes que estar superconcentrada. Tienes que controlar muy bien el rango de sufrimiento que te permites.

¿Te resulta agradable verte y escucharte después de las actuaciones?

No lo hago. Sufro mucho, aunque me doy cuenta de que tengo que hacerlo pasa saber lo que tengo que mejorar. Pero prefiero no ver nada. Intento no meterme ni en redes para no verme en vídeos en los que se me etiqueta. No quiero.

Al síndrome de la impostora le da igual que lo hagas bien. A la siguiente vez seguirá en el mismo punto de partida. ¿Ganar campeonatos ayuda a acallar esa voz?

En cierto modo sí, porque al final si ganas lo ha decidido un jurado «objetivamente», y eso te calma un poco. Pero la vara de medir cada vez está más alta. Cuando ganas un campeonato importante, después sientes que no puedes fallar, que harás el ridículo si fallas y se demostrará que no merecías ganar. Es más presión. Tengo compañeras de todas las edades, chicas de 18 años y mujeres de 46, y veo que muchas de ellas, cuanto más mayores son, más complicado les resulta porque sienten que tienen más que perder que ganar y eso te hace sentir insegura. Pero el dato estadístico es claro: en los campeonatos nos apuntamos menos mujeres que hombres, pero la proporción de mujeres que llegan a la final y ganan es grande. Es decir, que nos apuntamos solo si sabemos que lo haremos bien. Algunos hombres se permiten a sí mismos ir sin entrenar demasiado o a ver qué pasa. Pocas chicas se arriesgan a ir sin estar preparadas y arriesgarse a hacer el ridículo.

¿De qué se alimenta tu inseguridad? ¿Qué te da miedo?

Me da miedo fallar. Antes el miedo era el no llegar donde he llegado, sentir que llevo toda mi juventud dedicando horas y que, si nunca doy el salto, todo habrá sido en balde. Ahora que, en cierto modo, vivo un sueño cumplido, el miedo es a perderlo todo. Que te salga mal un campeonato o que salgas del circuito por ser madre. Tener hijos no está entre mis planes todavía, pero veo que hay *bertsolaris* madres que siguen a tope, son mujeres muy fuertes y capaces, y a mí me parece que igual si tengo un hijo puede ser el autoboicot perfecto para dejarlo todo, tener una excusa para decir: «no llego a todo, lo dejo». También me afecta mucho, cuando comparto estrado con gente a la que admiro mucho, me preocupa lo que ellos puedan pensar de mí. Me da miedo que crean que soy mala, que no merezco estar donde estoy... Te emparanoias.

¿Has pensado a veces que estás donde estás por suerte, por casualidad, por circunstancias que no dependen de tu valía?

Totalmente. Muchas veces llegas a pensar que llevas veinte años engañando a la gente. He llegado a decirme cosas terribles. Luego ves a hombres con una seguridad haciendo cosas que no hacen ni bien. Se atreven y se lo pasan bien. ¡A mí eso me da una envidia terrible! La libertad de divertirte. En mi caso, disfrutas en el mismo momento que terminas y ha ido bien, pero cuando bajas del escenario ya otra vez mal.

Es típico de las noloharébienistas *no dar crédito al halago de una persona con criterio, pero creernos la crítica del primer mindundi que pasa...*

Sí. No nos vale cualquier halago. Si te lo dice tu madre o tus amigas piensas que te lo dicen porque te quieren. Desde que hay más plazas en las que somos mayoría mujeres es una maravilla: ya no eres la única tía del escenario, cada una tiene su propia voz y si pasas un mal rato sabes que cuando bajes te dirán: «te has atascado esa vez, sí, pero lo has hecho bien ahí». Nos verbalizamos las cosas y no tienes que estar imaginándotelas.

¿Se juzga distinto a mujeres y hombres bertsolaris*?*

En cualquier cosa que suponga subir a un escenario o alzar tu voz, la gente ve a hombres y a mujeres, escuchan tu voz, ven tu cuerpo, tu género y te juzgan a través de eso. De ti esperan un cierto tipo de humor, tienen unas expectativas determinadas. Depende mucho del público, de si es una plaza tradicional con gente de más edad o un público más heterogéneo, o en un espacio feminista. Cuando dices *bertsolari* mucha gente todavía piensa en un señor mayor rural. Poco a poco ha habido un cambio de eje y se han empezado a valorar intereses más variados. Muchos hombres se están sintiendo incómodos porque han cambiado los temas en los campeonatos y critican que se cambian porque ahora las mujeres cantan, pero no piensan que hasta ahora se le valoraba a él por cantar sobre su calvicie, por ejemplo.

¿Te han hecho sentir que estás de prestado, porque toca, como una moda?

Sí, pero ha cambiado todo mucho. En las actuaciones financiadas con dinero público y por parte de asociaciones con conciencia feminista se cuida cada vez más eso, lo de los cupos. Hay gente que se enfada con eso, pero claro, hasta ahora se comían toda la tarta ellos. Cada vez somos más mujeres *bertsolaris* y al final se quedan sin argumentos. Yo siento que las cosas más duras se las comieron las *bertsolaris* de la generación anterior. Tuvieron problemas mucho más gordos. Cuantas más mujeres estemos, más cambiaremos la hostilidad y todo será más fácil para las siguientes *bertsolaris*.

¿Te ha ayudado a tomar conciencia el feminismo?

Totalmente. Estoy segura de que si el feminismo no hubiera aparecido en mi vida ya no sería *bertsolari*. No hubiera hecho ni la mitad de cosas que me he arriesgado a hacer. A veces hemos acabado llorando de felicidad al final de las actuaciones al compartir plaza con otras mujeres, o con alguna mujer con la que nunca había coincidido. Siempre has sido la única mujer interactuando con hombres y, de repente, te encuentras cantando con tu amiga con la que nunca habías compartido plaza.

AGRADECIMIENTOS

A Pepe Rubio, que ha sido un lector lúcido y atento. Gracias por los comentarios, los consejos, las lecturas a horas intempestivas y el apoyo, también el logístico.

A mis amigas Beatriz Monforte, Ana Teruel y Olga Nebra, que tuvieron la delicadeza de fingir que se conformaban con un «bien» como respuesta a la pregunta «¿cómo va el libro?» y de dejar de formularla a medida que se acercaba la fecha de entrega.

A Mireia Vallespinós, mi hermana y mi traductora de cabecera.

A todas las demás mujeres a las que admiro, por ser ejemplo e inspiración. Especialmente a Nieves Concostrina, que es valiente, generosa, honesta y, por encima de todo, buena gente. Por resumir: una *jefaza*.

A Álvaro y Joaquín Palau, por la confianza.

Y a mi psicólogo, Santiago M. Tenías razón: lo he hecho.

NOTAS

EL SÍNDROME DE LA IMPOSTORA

1   CLANCE, Pauline Rose, IMES, Suzanne, «The Impostor Pheno-
menon in High Achieving Women: Dynamics and Therapeutic
Intervention», 1978, accesible en <paulineroseclance.com/impos-
tor_phenomenon.html>.

2   <paulineroseclance.com>.

3   «Advancing the Future of Women in Business. The 2020 KPMG
Women's Leadership Summit Report», 2020, accesible en <info.
kpmg.us/content/dam/womensleadership/pdf/2020/2020wlsstudy.
pdf>.

4   OBAMA, Michelle, «Amanda Gorman. A conversation with Michelle Obama», *Time*, febrero 2021, accesible en <time.com/5933596/
amanda-gorman-michelle-obama-interview/>.

5   MERINO, Olga, *Cinco inviernos*, Alfaguara, 2022.

NO LO HARÉ BIEN

1   <twitter.com/XaviRossinyol/status/1441079111523475458?_
s=20&t=pgLgZEDBiWxDrDQyVhwxYw>.

2   RODRÍGUEZ, Rosa María, PASTOR, Pilar, «¿Dónde están las mujeres en el ensayo?», 2019, accesible en <culturaydeporte.gob.es/dam/
jcr:7493178f-33da-451f-ae38-73cdce4483bc/mujeres-ensayo.pdf>.

3   Ver capítulo 7.

4   Originalmente escrito en catalán.

SOLO SÉ QUE NO SÉ NADA

1   MONTESINOS, Sara, «La síndrome de la impostora, voilà», 2021, accesible en <media.cat/2021/09/27/la-sindrome-de-la-impostora-voila/>

2   LERCHENMUELLER, Marc J., SORENSON, Olav, JENA, Anupam B., «Research: How Women Undersell Their Work», 2019, accesible en Harvard Business Review, <hbr.org/2019/12/research-how-women-undersell-their-work>.

SALUD MENTAL

1   GUARDÓN, Sara, «Depresión, ansiedad, agotamiento y burnout, consecuencias de sufrir el síndrome del impostor en las mujeres médicas», 2022, accesible en Cgcom.es, <cgcom.es/noticias/depresion-ansiedad-agotamiento-y-burnout-consecuencias-de-sufrir-el-sindrome-del-o>.

2   ALFAGEME I CASANOVA, Alba, *Quan cridem els nostres noms,* Univers, 2021.

3   Originalmente escrito en catalán.

ES EL PATRIARCADO, AMIGAS

1   GORNICK, Vivian, *Mirarse de frente,* Sexto Piso, 2019.

2   CADOCHE, Élisabeth, de MONTARLOT, Anne, *El síndrome de la impostora,* Península, 2021.

3   VARELA, Irantzu, «El Tornillo. El síndrome de la impostora», 2021, accesible en Youtube, <youtube.com/watch?v=U3pbEtakP5Y>.

4   ZENGER, Jack, FOLKMAN, Joseph, «Women Rate Themselves As Less Confident Than Men Until Their Mid 40's», 2019, Harvard Business Review.

5   JERICÓ, Pilar, «La autoestima de la mujer: una cuestión de edad», 2019, accesible en Elpais.com, <elpais.com/elpais/2019/12/02/laboratorio_de_felicidad/1575267236_178562.html>.

6   RUSS, Joana, *Cómo acabar con la escritura de las mujeres*, Dos Bigotes y Barrett, 2018.

7   MARTÍN RODRIGO, Inés, *Una habitación compartida. Conversaciones con grandes escritoras*, Debate, 2020.

CURSO EXPRÉS DE MANSPLAINING

1   <fundeu.es>.

2   SOLNIT, Rebecca, *Los hombres me explican cosas*, Capitán Swing, 2017.

3   <@nicsigni_writes>.

4   No tiene edición en español.

5   LINDO, Elvira, *30 maneras de quitarse el sombrero*, Seix Barral, 2018.

SOSPECHOSAS HABITUALES

1   EPHRON, Nora, *No me acuerdo de nada*, Libros del Asteroide, 2022.

2   Originalmente en catalán.

3   Datos del INE, accesibles en <ine.es>.

4   Datos del INE, accesibles en <ine.es>.

5   Podcast de *La Ventana*, accesible en <play.cadenaser.com/audio/1646670857959/>.

6   GARCÍA, Lidia, *¡Ay, campaneras!*, Plan B, 2022.

7   ATIENZA, Jara, «Rivalidad femenina en el trabajo: que las mujeres son más competitivas entre ellas es un mito», 2010, accesible en Elpais.com, <elpais.com/elpais/2019/12/28/buenavida/1577563791_538626.html>.

AY, MAMÁ

1   Lo cuenta Elvira Lindo en *30 maneras de quitarse el sombrero*.

2   BERLIN, Lucia, *Bienvenida a casa*, Alfaguara, 2018.

3   GÓMEZ URZAIZ, Begoña, *Las abandonadoras*, Destino, 2022.

4   OLIVER, Diana, *Maternidades precarias*, Arpa, 2022.

5   CARDOSO, Patricia, «Todo lo que debes saber sobre el permiso de maternidad y paternidad en 2022», 2022, accesible en LaVanguardia.com, <avanguardia.com/mamas-y-papas/20220104/7965422/permiso-maternidad-paternidad-2022-nbs.html>.

6   ASOCIACIÓN YO NO RENUNCIO, «El coste de la conciliación», 2022, accesible en <media.yonorenuncio.com/app/uploads/2022/03/23092145/NP-El-coste-de-la-concliacion.pdf>.

7   Datos del INE, accesibles en <ine.es>.

8   CUSK, Rachel, *Despojos*, Libros del Asteroide, 2020.

9   De QUINTO, Alicia, HOSPIDO, Laura, SANZ, Carlos, «The Child Penalty in Spain», 2020, Banco de España, accesible en <bde.es/f/webbde/SES/Secciones/Publicaciones/PublicacionesSeriadas/DocumentosOcasionales/20/Files/do2017e.pdf>.

10 VELASCO, Lucía, *¿Te va a sustituir un algoritmo? El futuro del trabajo en España*, Turner, 2021.

11 Datos del INE, accesibles en <https://www.ine.es/jaxiT3/Datos.htm?t=36834>.

12 LEVY, Deborah, *Cosas que no quiero saber*, Literatura Random House, 2022.

13 HUSTVEDT, Siri, *Madres, padres y demás*, Seix Barral, 2022.

PUTAS, FEAS, GORDAS Y VIEJAS

1   NAVARRO, Fernando, «Zahara: «El maltrato psicológico no se ve, pero te anula y te quita la autoestima», 2021, accesible en Elpais.com, <elpais.com/eps/2021-04-16/zahara-el-maltrato-psicologico-no-se-ve-pero-te-anula-y-te-quita-la-autoestima.html>.

2   <twitter.com/sarmarcri/status/1349309384552284160>.

3 LÓPEZ BARCELÓ, Esther, «Culpable de habitar un cuerpo», 2022, accesible en Eldiario.es, <eldiario.es/comunitat-valenciana/opinion/culpable-habitar-cuerpo_129_9208162.html>.

4 VELASCO, Lucía, «La violencia del siglo XXI es digital», 2022, accesible en Elpais.com, <elpais.com/opinion/2022-04-07/la-violencia-del-siglo-xxi-es-digital.html>.

5 GÓMEZ URZAIZ, Begoña, «El abuso misógino en Twitter lleva a las mujeres a "ponerse" el candado», 2021, accesible en Elpais.com, <elpais.com/ideas/2021-12-26/el-abuso-misogino-en-twitter-lleva-a-las-mujeres-a-ponerse-el-candado.html>.

6 https://amnistia.org.ar/wp-content/uploads/delightful-downloads/2018/05/TOXICTWITTER-report_SP.pdf

LA EDAD DE LA INOCENCIA

1 BIAN, Lin, LESLIE, Sarah-Jane, CIMPIAN, Andrei, «Gender stereotypes about intellectual ability emerge early and influence children's interests», 2017, accesible en <www.science.org/doi/10.1126/science.aah6524>.

2 NAPP, Clotilde, BREDA, Thomas, «The stereotype that girls lack talent: A worldwide investigation», 2022, accesible en <science.org/doi/10.1126/sciadv.abm3689>.

3 COLÁS, Pilar, VILLACIERVOS, Patricia, «La interiorización de los estereotipos de género en jóvenes y adolescentes», 2007, accesible en <revistas.um.es/rie/article/view/96421/92631>.

4 Accesible en la web del Ministerio de Educación y Formación profesional, <sede.educacion.gob.es/publiventa/d/25710/19/00>.

5 Llamadas así por sus siglas en inglés.

6 INSTITUTO DE LAS MUJERES, «Publicidad y campañas navideñas de juguetes: ¿Promoción o ruptura de estereotipos de roles de género?», 2020, accesible en <inmujer.gob.es/areasTematicas/AreaEstudiosInvestigacion/docs/Estudios/PUBLICIDAD_Y_CAMPANAS_NAVIDENAS_JUGUETES.pdf>.

INTELIGENTES A SU PESAR

1   Subirats, M; Brullet, C., capítulo «*Rosa y azul: la transmisión de los géneros en la escuela mixta*» del libro *Mujer y educación*, Graó, 2002.

2   Accesibles en <www.educacionyfp.gob.es/dam/jcr:ae456755-1f2e-48be-94d4-4e13ab204e8b/notaresumen21.pdf>.

3   TREVIS, Walter, *Gambito de dama*, Alfaguara, 2021.

4   PÉREZ SANCHEZ, Luz, CARPINTERO MOLINA, Elvira et al., «Estimación de la inteligencia en los adolescentes», 2012, accesible en <revistadepedagogia.org/wp-content/uploads/2012/09/253-04. pdf>.

5   MUÑOZ DELEITO, Pilar, «Mujeres jóvenes de altas capacidades: aceptar y ser aceptada, sin miedo, sin violencia, con inteligencia», 2019, accesible en <injuve.es/sites/default/files/2018/47/publica-ciones/8._mujeres_jovenes_de_altas_capacidades._aceptar_y_ser_aceptada_sin_miedo_sin_violencia_con_inteligencia.pdf>.

6   FUENTE: Ministerio de Cultura y Deporte. Accesible en <culturay-deporte.gob.es/dam/jcr:6b7e9a1a-e3e5-4b45-8ae5-6f187b50235f/estadistica-de-deporte-federado.pdf>.

BUSCANDO REFERENTES

1   RAC 1, «Alexia ven el doble de samarretes en el partit contra el Reial Madrid que qualsevol jugador del Barça masculí», 2022, accesible en <www.rac1.cat/esports/20220401/4111139434432/ alexia-putellas-samarretes-barca-femeni-venda-jugadores.html>.

2   CADENA SER, podcast accesible en <cadenaser.com/progra-ma/2021/11/29/el_larguero/1638225061_202797.html>.

3   CATALUNYA RADIO, podcast accesible en <ccma.cat/catradio/ el-mati-de-catalunya-radio/alexia-putellas-espera-veure-jugar-el-barca-femeni-en-un-camp-nou-ple/noticia/3134020/>.

4   Baccaro, Antonella, «Rafael Nadal: "Da ragazzo pensavo che mi sarei ritirato a 30 anni, invece sono ancora il numero uno"», 2018, accesible en <iodonna.it/personaggi/interviste-gallery/2018/06/08/ rafael-nadal-non-sono-un-sex-symbol/>.

5   TRONCHONI, Nadia, IRIGOYEN, Juan I., «El auge de las futbolistas y el "efecto Champions" del Barcelona», 2021, accesible en <elpais.com/deportes/2021-09-05/el-boom-de-las-futbolistas-y-el-efecto-champions-del-barcelona.html>.

6   Fuente: GECA.

7   GUERRERO, David, *Corres como una niña*, Dos Bigotes, 2021.

8   LÓPEZ-NAVAJAS, Ana, «Las mujeres que nos faltan. Análisis de la ausencia de las mujeres en los manuales escolares», 2015, accesible en: <roderic.uv.es/bitstream/handle/10550/50940/Ana %20 L %c3 %b3pez %20Navajas-TESIS-Las %20mujeres %20que %20 nos %20faltan.pdf?sequence=1&isAllowed=y>.

9   OTO-PERALÍAS, Daniel, GUTIÉRREZ MORA, Dolores, «Ciudades con género. Estudio del sesgo de género urbano a través de los nombres de las calles», 2022, accesible en <osf.io/b9n4k/>.

10   H. RIAÑO, PEIO, *Las invisibles. ¿Por qué el Museo del Prado ignora a las mujeres?*, Capitán Swing, 2020.

11   FAVILLI, Elena, CAVALLO, Francesca, *Cuentos de buenas noches para niñas rebeldes*, Destino, 2018.

MUJERES Y PODER

1   LAFUENTE, Isaías, *Clara Victoria*, Planeta, 2022.

2   BEARD, Mary, *Mujeres y poder. Un manifiesto*, Crítica, 2018.

3   FUENTE: ONU. Accesible en <unwomen.org/es/what-we-do/leadership-and-political-participation/facts-and-figures#_edn2>.

4   BATALLÉ PRATS, Iolanda, *Atrévete a hacer las cosas a tu manera. La revolución del liderazgo de las mujeres*, Destino, 2021.

LAS MUJERES EN LA FICCIÓN

1   BLANES, Pepa, *Abre los ojos*, Fuera de Ruta, 2021.

2   ABAÚNZA, Juliana, *Series largas, novios cortos*, Temas de Hoy, 2021.

3   BBC, «100 Women: How Hollywood fails women on screen», 2018, accesible en <bbc.com/news/world-43197774>.

4   DOLERA, Leticia, *Morder la manzana*, Planeta, 2018.

5   El discurso de Isabel Coixet está accesible en Elpais.com, <elpais.com/cultura/2020-09-19/abraza-la-niebla.html>.

¡SHHH!: SOBRE APRENDER A CALLAR

1   HOMERO, *La Odisea*, Akal.

2   FERNÁNDEZ PONCELA, Anna María, *Estereotipos y roles de género en el refranero popular*, Anthropos, 2002.

3   CABALLÉ, Anna, Breve historia de la misoginia, Ariel, edición de 2019.

4   El poema está recogido en el libro de Anna Caballé.

5   LAFUENTE, Isaías, *Agrupémonos todas. La lucha de las españolas por la igualdad*, Aguilar, 2003.

6   BALSEBRE, Armand, FONTOVA, Rosario, *Las cartas de Elena Francis*, Cátedra, 2018.

SILENCIADAS, OLVIDADAS, BORRADAS: UNA HISTORIA
MACHISTA DEL MUNDO

1   PATOU-MATHIS, Marylène, *El hombre prehistórico es también una mujer*, Lumen, 2021.

2   Basada en el predominio de la línea materna.

3   FLEMING, Jacky, El problema de las mujeres, Anagrama, 2017.

4   Ibid.

5   MARÇAL, Katrine, ¿Quién le hacía la cena a Adam Smith?, Debate, 2016.

6   FRIEDAN, Betty, *La mística de la feminidad*, Cátedra, 2009.

7   VALLEJO, Irene, *El infinito en un junco*, Siruela, 2019.

8   Podcast 'Acontece que no es poco' de Nieves Concostrina sobre María de la O Lejárraga. Accesible en <cadenaser.com/audio/1641297582136/>.

9   «Lee Krasner: in her own words», accesible en <youtube.com/wat-ch?v=9sD2U9NkspY>.

10 CONCOSTRINA, Nieves, *La historia en apuros*, Montena, 2021.

ELLAS ALZARON LA VOZ

1   HUMES, Immy, *A only woman*, Phaidon, 2022.

2   GRAHAM, Katharine, *Una historia personal. Sobre cómo alcancé la cima del periodismo en un mundo de hombres*, Libros del K.O., 2016.

3   LORDE, Audre, *La hermana, la extranjera*, Horas y Horas, 2003.

4   Lo contó años después en el libro que tiene edición en castellano: *Rosa Parks. Mi historia*, Plataforma, 2019.

5   DAVIS, Angela, *Blues legacies and black feminism*, Vintage Books, 1998.

6   Escúchala aquí: <open.spotify.com/track/4cEe6q6UxxeqYysNg8l-miX?si=f9b5ba40c860486d>.

7   HARRISON, Daphne Duval, *Black pearls: blues queens of 1920's*, Rutgers University Press, 1988.

8   Escúchala aquí <open.spotify.com/track/6ZcmhflHesQJtquYmY-f9N4?si=0636ad777e664ecc>.

9   BALLÓ, Tània, *No quiero olvidar todo lo que sé*, Espasa, 2022.

SOMOS LAS NIETAS DE LAS BRUJAS QUE NO PUDISTEIS QUEMAR

1   KANTOR, Jodi, TWOHEY, Megan, *She said*, Libros del K.O., 2021.

2   FAD, «Barómetro juventud y género 2021», accesible en <fad.es/wp-content/uploads/2021/09/PresentacionBarometroGene-ro_290921.pptx.pdf>.

3   GÓMEZ URZAIZ, Begoña, «Pobre chaval, el violador», 2022, accesible en <lavanguardia.com/opinion/20220510/8254589/pobre-chaval-violador.html>.

EL DÍA DE MAÑANA

1   ADICHIE, Chimamanda Ngozi, *Todos deberíamos ser feministas. Querida Ijeawele. Cómo educar en el feminismo*, Literatura Random House, 2019.

BIBLIOGRAFÍA

30 maneras de quitarse el sombrero, de Elvira Lindo (Seix Barral, 2018).

A only woman, de Immy Humes (Phaidon, 2022).

Abre los ojos. Pelis y series para entender el mundo, de Pepa Blanes (Fuera de Ruta, 2021).

Agrupémonos todas. La lucha de las españolas por la igualdad, de Isaías Lafuente (Aguilar, 2003).

Atrévete a hacer las cosas a tu manera. La revolución del liderazgo de las mujeres, de Iolanda Batallé Prats (Destino, 2021).

¡Ay, campaneras!, de Lidia García (Plan B, 2022).

Bienvenida a casa, de Lucia Berlin (Alfaguara, 2018).

Blues legacies and black feminism, de Angela Davis (Pantheon Books, 1998).

Breve historia de la misoginia, de Anna Caballé (Ariel, 2019).

Cinco inviernos, de Olga Merino (Alfaguara, 2022).

Clara Victoria, de Isaías Lafuente (Planeta, 2022).

Cómo acabar con la escritura de las mujeres, de Joana Russ (Dos Bigotes y Barrett, 2018).

Corres como una niña, de David Guerrero (Dos Bigotes, 2021).

Cosas que no quiero saber, de Deborah Levy (Literatura Random House, 2022).

Cuentos de buenas noches para niñas rebeldes, de Elena Favilli y Francesca Caballo (Destino, 2018).

Despojos, de Rachel Cusk (Libros del Asteroide, 2020).

El hombre prehistórico es también una mujer, de Marylène Patou-Mathis (Lumen, 2021).

El infinito en un junco, de Irene Vallejo (Siruela, 2019).

El problema de las mujeres, de Jacky Fleming (Anagrama, 2017).

El síndrome de la impostora, de Élisabeth Cadoche y Anne de Montarlot (Península, 2021).

Estereotipos y roles de género en el refranero popular, de Anna María Fernández Poncela (Antrophos, 2002).

Gambito de dama, de Walter Trevis (Alfaguara, 2021).

Harvey, de Emma Cline (Anagrama, 2021).

Herstory: Una historia ilustrada de las mujeres, de María Bastarós y Nacho M. Segarra (Lumen, 2018).

La guía Filmaffinity. Breve historia del cine, de Pablo Kurt y Daniel Nicolás (Nórdica, 2021).

La hermana, la extranjera, de Audre Lorde (Horas y Horas, 2003).

La historia en apuros. Cinco notables, cuatro sobresalientas y un mastuerzo, de Nieves Concostrina (Montena, 2021).

La mística de la feminidad, de Betty Friedan (Cátedra, 2009).

La Odisea, de Homero (Akal, 1998).

Las abandonadoras, de Begoña Gómez Urzaiz (Destino, 2022).

Las cartas de Elena Francis, de Armand Balsebre y Rosario Fontova (Cátedra, 2018).

Las invisibles. ¿Por qué el Museo del Prado ignora a las mujeres?, de Peio H. Riaño (Capitán Swing, 2020).

Los hombres me explican cosas, de Rebecca Solnit (Capitán Swing, 2017).

Madres, padres y demás. Apuntes sobre mi familia real y literaria, de Siri Hustvedt (Seix Barral, 2022).

Maternidades precarias, de Diana Oliver (Arpa, 2022).

Mirarse de frente, de Vivian Gornick (Sexto Piso, 2019).

Morder la manzana, de Leticia Dolera (Planeta, 2018).

Mujer y educación. Educar para la igualdad, educar desde la diferencia, coordinado por Ana González y Carlos Lomas (Graó, 2002).

Mujeres y poder, de Mary Beard (Crítica, 2018).

No me acuerdo de nada, de Nora Ephorn (Libros del Asteroide, 2022).

No quiero olvidar todo lo que sé. Las Sinsombrero, de Tània Balló (Espasa, 2022).

Quan cridem els nostres noms, de Alba Alfageme i Casanova (Univers, 2021).

¿Quién le hacía la cena a Adam Smith?, de Katrine Marçal (Debate, 2016).

Reverso. Testimonios de mujeres bertsolaris, de Uxue Alberdi (Reikiavik Ediciones, 2021).

Rosa Parks. Mi historia, de Rosa Parks con Jim Haskins (Plataforma, 2019).

Series largas, novios cortos, de Juliana Abaúnza (Temas de Hoy, 2021).

She said, de Jodi Kantor y Megan Twohey (Libros del K.O., 2021).

¿Te va a sustituir un algoritmo? El futuro del trabajo en España, de Lucía Velasco (Turner, 2021).

Todos deberíamos ser feministas. Querida Ijeawele. Cómo educar en el feminismo, de Chimamanda Ngozi Adichie (Literatura Random House, 2019).

Una habitación compartida. Conversaciones con grandes escritoras, de Inés Martín Rodrigo (Debate, 2020).

Una habitación propia, de Virginia Woolf (Austral, 2022).

Una historia personal. Sobre cómo alcancé la cima del periodismo en un mundo de hombres, de Katharine Graham (Libros del K.O., 2016).